Vladimir Vladimirovich Putin

まんがでわかる

ウラジーミル・ウラジーミロヴィチ・プーチン

イースト・プレス

目次

ロシア
ペトロパブロフスク
イルクーツク
ウラジオストク
モンゴル
中国
北朝鮮
韓国
日本

ロシア連邦周辺図

ノルウェー
ドイツ
スウェーデン
ロシア
フィンランド
ポーランド
エストニア
サンクトペテルブルク
ラトビア
ベラルーシ
リトアニア
モスクワ
モルドバ
ウクライナ
クリミア
ジョージア
アルメニア
アゼルバイジャン
カザフスタン
トルクメニスタン
ウズベキスタン
イラン
キルギス
タジキスタン
アフガニスタン

この作品は史実を基にしたフィクションです。
表現・表記・掲載内容は取材当時のものになります。

プロローグ

プーチンとは何者か
どこから来たのか
どこへ行くのか

ぼくは内海守
サブカル系の出版社
イースト＆ウエストの
編集者だ
え？
あの企画
マジでやるんすか？
「まんがプーチン」
このマンガは
強権的な編集長の
無謀な思いつきから
始まった
やるよ！
あたりまえだろ？
むしろなんで
やらねーと思った
のかが不思議だね！
担当はおまえだ
内海！
プーチンて
ロシアの大統領でしょ？
たしか元KGBの…
007みたいな
マンガでも作る
んですか？
バカ！
んなわけ
あるか！
解説マンガ
だよ！
ちなみに我が
イースト＆ウエストは
泣く子も黙る
ブラック企業である
解説マンガ
かあ…
おまえ英語
できるだろ
今から取材
行って来い！
え？
ロシアは
ロシア語
でしょ？
なんとかなんだろ
世界共通語
だろ英語って
んな無茶な

監修者はナゴシケンローって食卓大学の教授だ
その先生に知り合いを紹介してもらったからさっさと行ってインタビューに行って来い
相変わらず強引だなあ
マンガ家どうします？さいとうプロに連絡とってみます？
バカヤロウ！そこに任せたらプーチンがゴルゴに殺されて終わるだろーが！
ダメっすかね
あー…プーチン…ロシア…
まるでイメージがわかないな
マモル！ロシアに行くのね⁉プーチンをマンガにするなんて面白いじゃない！
やあアルマ
盗み聞きしたの？
ちょうどいいわ！あたしも連れて行きなさいよ！
彼女はアルマ・ライトシュスターウチと同じビルに入ってる『フォルクス』っていうドイツのおカタい雑誌の特派員だ

ちょうどいい？どこらへんが？
だってあたしロシア語専攻よ！通訳にうってつけじゃない
ウチもちょうどプーチンの企画立ててたの合同で取材行きましょ！
ええ!?でも取材先はウチがセッティングしたんだぜ？それじゃ反則だ
なによ！ケチケチするんじゃないわよ！相変わらず草食系ね！
そういう問題？
内海！なにモタモタしてやがる！さっさと行って来い!!
え？だってアルマが…
なんでもいいからとっとと動け!!
決まり！

バカヤロウ！そこに頼んだらなんでもかんでもデビルマンにされるぞ！
すぐに準備してくる！
早くしてくれよフライトの時間が迫ってるんだ
おっそいなーどうして女ってのは…
ほら！グズグズしない！置いてくわよ！
とにもかくにもこうしてこのマンガは始まったのだ
さあいっしょにプーチンの謎を探る旅に出かけよう!!

プーチン以前

ぼくらはまずドイツに向かった
プーチンがかすかに歴史の表舞台に姿を現した地から取材を開始するためだ
Lufthansa
ところでアルマきみはプーチンについて詳しいの?
そうね企画のためにざっと調べたって感じかしら
ぼくなんてまるで知らなくて…ロシアの大統領で…元ＫＧＢ…
それになんか…やたらとおもしろ画像がネットに出回ってる
そうね

こんなに世界中から
イジられる指導者って
他にいないよね
PUTIN
つまり…アイドルだ
世界の人気者
フム
それってやっぱり
力のある指導者って
証拠だよね？
なにしろマンガに
なるくらいだし
うーん…そうね
もちろん彼は指導者として
かなり傑出してると
思うわ

でも現実的には彼はいうべき時代錯誤とも引き起こして世界から非難されてるし
侵略戦争を
彼が率いるロシアは欧米との対決姿勢を明確にして世界に再び冷戦をもたらしつつあるのよ
冷戦!? でもロシアはもう共産主義じゃないだろ?
そうよ もはやイデオロギーの対立はない・・・・・・にもかかわらずよ!

そもそもさ
ソ連が崩壊してからの
ロシアの流れって
よくわかってないんだ
そうねー
特に日本人はロシアに
あまり興味なさそうだし
オーケー
それじゃあたしが少し
プーチンが登場する
までの流れを解説
してあげる
えへへ
悪いね
マモルは
ゴルバチョフは
知ってるわよね？
もちろん！
ソ連の最後の書記長
だろ？
冷戦を終わらせた
人物だよねたしか？
そう
そしてソ連の最初で
最後の大統領に
なるの

ゴルバチョフの進めた※ペレストロイカによって米ソの対立は無くなり冷戦は確かに終わった
でも東欧諸国に急激に広がる民主化への流れをソ連はもはや抑え切れなかった
スウェーデン
エストニア
ロシア
ラトビア
リトアニア
バルト海
そしてソ連からもバルト三国が独立するの崩壊の兆しね
ゴルバチョフはなんとかソ連の解体を防ごうとしてより権力のある大統領になったの
でもゴルビーって大統領時代のイメージってあんまりないよね

※ペレストロイカ…ロシア語で「再構築」という意味の政治改革運動。

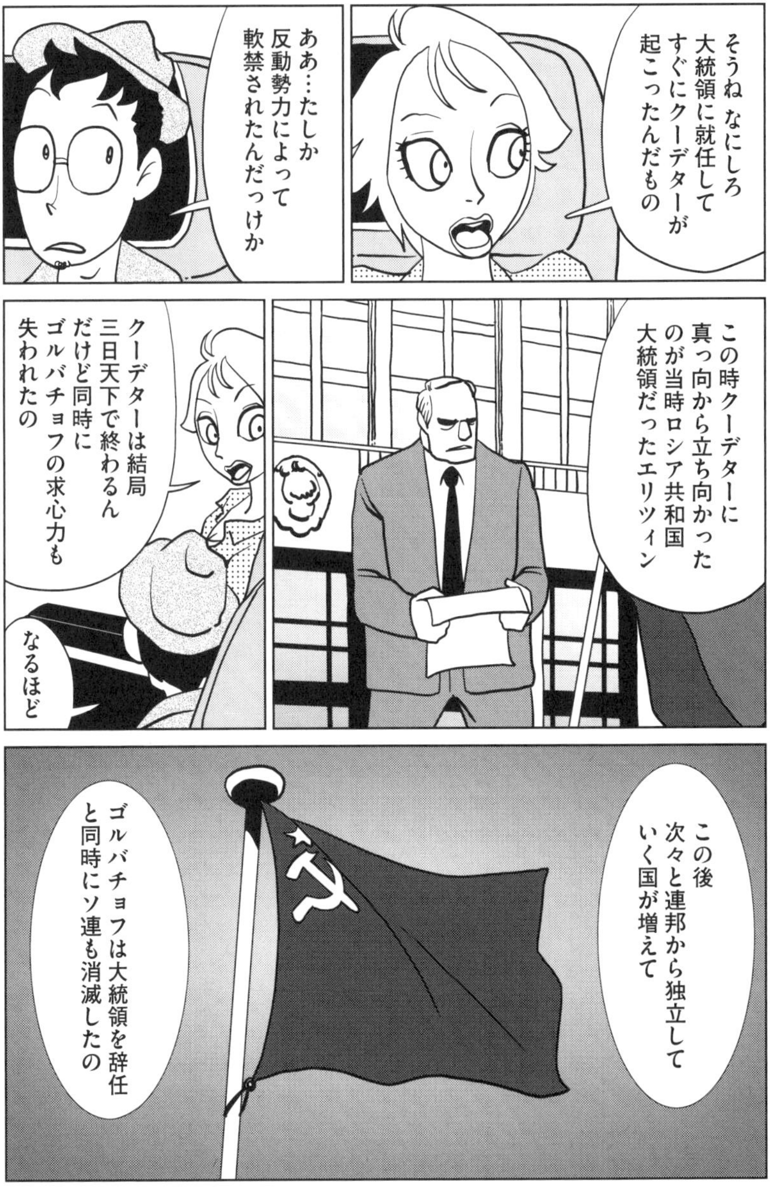

そうね なにしろ
大統領に就任して
すぐにクーデターが
起こったんだもの
ああ…たしか
反動勢力によって
軟禁されたんだっけか
この時クーデターに
真っ向から立ち向かった
のが当時ロシア共和国
大統領だったエリツィン
クーデターは結局
三日天下で終わるん
だけど同時に
ゴルバチョフの求心力も
失われたの
なるほど
この後
次々と連邦から独立して
いく国が増えて
ゴルバチョフは大統領を辞任
と同時にソ連も消滅したの

…なんだかさ ソ連消滅とか ぼくら簡単に言うけど 考えたらスゴい話だよね 世界の一方を支配してた 国家が消滅するなんて！
ほんとね！ こう言っちゃ なんだけどすごく ドラマチックだわ まるでシナリオでも あるみたい
さて…これで ロシアはついに 民主国家となった わけだ
……つまり 自由な国に
そうね
自由な言論 自由な経済活動 自由な選挙が 行われる国家にね
で どうなったと思う？
それだけ聞くと
まるでハッピーエンド みたいだけど？

それが全然
ハッピーじゃ
なかった！
ロシアは経済的にも
軍事的にもどんどん
弱体化してもはや大国
とは言えないような国に
おちぶれてしまったの
ああ…うん
なんとなく
わかるよ
そして
貧富の格差が
広がったんだろ？
あら
鋭いじゃ
ないマモル
誰だって
わかるよ
だってそれまで…要は
お金のために働いたこと
がない人たちが急に
西側の弱肉強食の
資本主義にさらされたって
太刀打ちできる
わけない
でももちろん中にはビジネスの
才能をくすぶらせてた奴らもいて
そいつらは水を得た魚のように
ここぞとばかりに金を稼ぐ！
で、富める者は
ますます富み
貧しい者はさらに
搾取されていく…
それが資本主義さ
そうだろ
かもね

今言った通り
ロシアはインフレとなって
貧富の格差が激化
したの
特に年寄りは悲惨よね
わずかな年金ではとても
生活できなくなったうえに
かつてのように国家の
保護はほとんどない
エリツィンは経済政策でも
有効な手が打てず
体もぼろぼろ
チェチェン紛争も失敗して
チェチェンはなかば独立国の
ようになってしまった
そして
自由な言論活動は
容赦なく政権を批判する
するとどうなる？
エリツィンの支持率が
下がったんだ
そうだろ？
ビンゴ！
そしてお決まりの
〝昔はよかった〟勢力が
台頭するの！

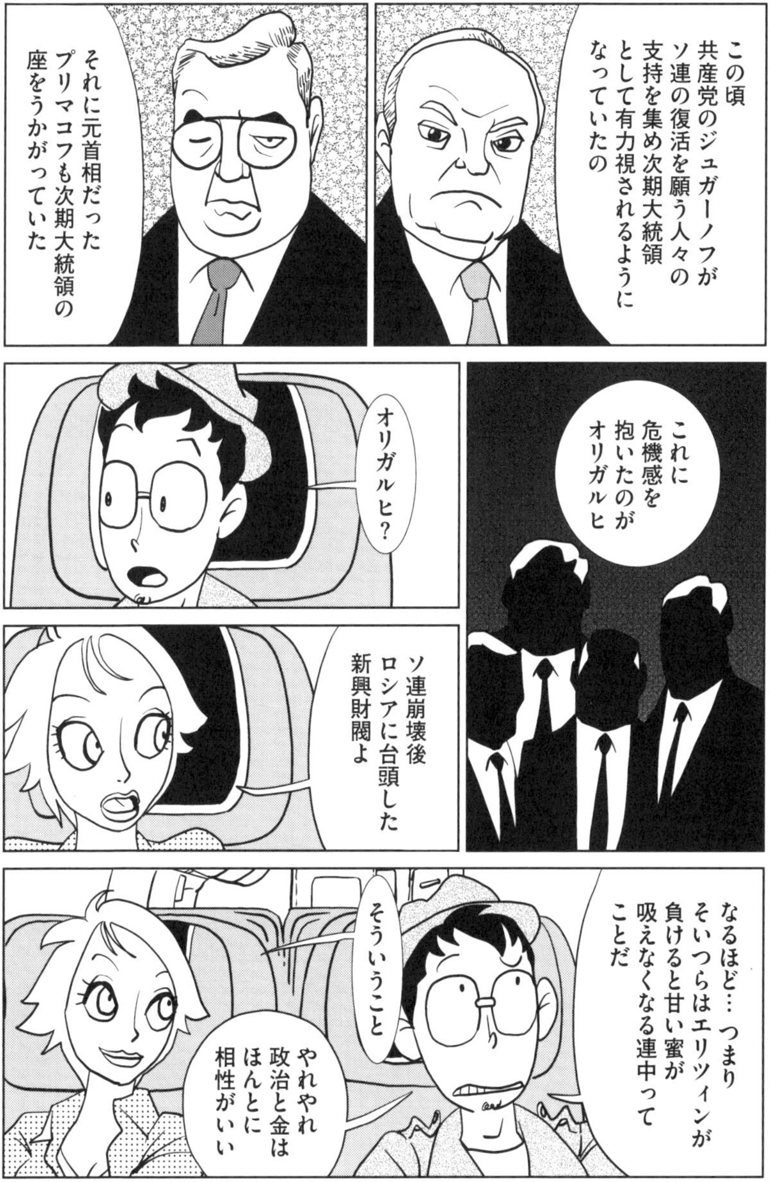

この頃
共産党のジュガーノフが
ソ連の復活を願う人々の
支持を集め次期大統領
として有力視されるように
なっていたの
それに元首相だった
プリマコフも次期大統領の
座をうかがっていた
これに
危機感を
抱いたのが
オリガルヒ
オリガルヒ？
ソ連崩壊後
ロシアに台頭した
新興財閥よ
なるほど… つまり
そいつらはエリツィンが
負けると甘い蜜が
吸えなくなる連中って
ことだ
そういうこと
やれやれ
政治と金は
ほんとに
相性がいい

それで？危機感を抱いて…暗殺でもしたの？
さすがに彼らは・・・そんな物騒な真似はしないわ
オリガルヒはエリツィンが辞めた後も自分たちに悪影響が出ないような後継者を探し出したの
それがつまり
そう！ウラジーミル・ウラジーミロヴィチ・プーチンその人よ
フム
やっと主役のお出ましか
でも意外だな
つまりプーチンは資本家たちの傀儡として選ばれたんだ？
そういうことね

この時 彼はFSB…旧KGBの長官だったの
ФЕДЕРАЛЬНАЯ
СЛУЖБА
その彼にオリガルヒの一人ベレゾフスキーが目をつけエリツィンに引き合わせた
この時までにエリツィンはすでに四人の首相の任命と解任を繰り返していた少しでも自分のライバルになりそうな気配を見せた者はすぐにクビにしたの
もはや権力の亡者ね
エリツィンはプーチンを気に入り五人目の首相に任命した とはいえプーチンは無名の人物よ国民の支持がなければいくらなんでも大統領にはなれないわ

オリガルヒはプーチンをアピールするためにまず自らのメディアを使って彼のインタビュー番組を連日放送した
ふむ妥当な作戦だよね？
さらに！
彼が首相になった同じ月にモスクワを始め各地でアパート連続爆破事件が発生したの
政権はただちにこれをチェチェンの武装勢力によるテロ攻撃だと認定
プーチン首相の指揮のもと第二次チェチェン紛争が始まったわけ
ロシア
ウクライナ
ルーマニア
チェチェン共和国
北オセチア共和国
黒海
グルジア
カスピ海

なるほど…それで
プーチンの支持率も
アップするわけだ
でも…それって
なんだか…
そうよ！
あえて言わせて
もらうけど
アパート爆破事件は
プーチンにとって
絶妙のタイミングで
起こったのよ！
まあ待てよアルマ
それじゃプーチンは
国民の支持を得る
ために自ら
テロ攻撃を偽装
したってこと？
さすがにそれは
ないんじゃない？
それじゃなんだか
陳腐な都市伝説
みたいだ
暗殺!?
あたしは割と真相に近いと
思ってる
実際この疑惑を追究した人々は
何人も暗殺されてるわ
そう！
何人も!!

…そんな明からさまに暗殺とかするかなあ仮にも先進国だろ?
プーチンならやりかねない!忘れちゃいけないわ
今ロシアの権力を握っている男は
どんな汚い手段を使ってでも目的を果たす裏工作に長けた元工作員なのよ!
うーむ… そっか…元スパイの大統領か…こりゃほんとにマンガの世界だわ
ラスボスって感じよね

でもさ なんだかんだ言ってもプーチンってかっこいいよね セクシーハゲだ
セクシーハゲ？ なにそれ？
ショーンコネリーとかエドハリスとかさ
ハゲでもセクシーな男っているだろ？
やだ！ プーチンをあたしのエドといっしょにしないでよ！
だいたいハゲでもセクシーって変だわ！ ハゲだからセクシーなのよ！ 男の象徴じゃない！
日本人はもっとハゲの魅力に気づくべきだわ！
いやあぼくは断固としてハゲたくはないね
オホン！ オホン！
毛布をお持ちしましょうか
当機はまもなくドレスデン空港に到着する予定です…

若き日々

ドレスデン！
どですかでん！
なに言ってんの？
ドレスデンなんて何年ぶりかしら！
美しい街だね！
ザクセン州の州都だもの！

アルマはここによく来てたの？ベルリンっ子だろ？
友達がいたからよく来てたわ
ふうんカレシ？
でもなんでまたドレスデンに？
なんでもKGB時代にプーチンがここで働いていたらしくて
その時の同僚の人とアポ取ってるんだ
KGB時代の同僚って…じゃその人も元スパイ？
ってことだよね
スパイが顔出していいの？
マンガだから別にかまわないんだって
Big mouth

内海さん？
あ！あなたが…
はじめまして ウソリツェフです
内海です！こちらはアルマ わざわざドイツまで来ていただいてありがとうございます！
なあに お安い御用さ
ドレスデンは私やプーチンにとって第二の故郷だからね 久しぶりに来れてうれしいよ！
それにしてもプーチンをマンガにするなんて日本人は変わってるね
いやあ… えへへ
プーチンとは親しかったんですか？
親しいどころじゃない 私とワロージャ※は親友だったよ

＊ワロージャ…ウラジーミルの愛称。

スパイ同士で心を許し合えるなんて奇跡みたいなもんだ
ワロージャはそれだけ誠実で純粋な男だったんだ
純粋？プーチンが？
少なくとも私が知っている彼はね
ここは？
元シュタージの建物だ
シュタージ…
秘密警察…
ここが昔東ドイツだったことは知ってるね
ええもちろん
私とワロージャがここで働いていた頃ベルリンの壁が崩壊した一九八九年のことだ覚えてるかい？
ぼくはまだ4歳だよ
あたしなんて生まれたばっかり！
そうか！
私も年を取るはずだ

その頃の東ドイツは
完全な監視社会だった
民衆は恐怖によって
支配されていたんだ
一九八九年十二月五日
自由だ!!
オレたちは
自由に
なったんだ!!
ドレスデンのシュタージ支部は
五千人の民衆によって
占拠された

見ろ！オレたちの盗聴記録だ！
くそ！オレの名前もある！
共産主義なんぞくそっくらえだ！
おい！次はKGBだ！
シュタージがこんなに簡単に落とせたんだ！KGBもちょろいぜ！
おお！そうだな！
興奮した十五人ほどのグループがそのまま百メートルほど離れた場所にあるKGBのドレスデン支局に向かった
おい！アカの犬ども!!門を開けろ!!
ギ…
誰か出てくる

コツコツ
コツ
薄汚いスパイめ！
さっさとドイツから出て行け！
うっ…
諸君
お気づきかと思うがその門からこちらはソビエトだ

今私の仲間が武装して諸君を狙っている
おとなしく立ち去る方が賢明だ
た…ただの脅しだ！
そ…そうだ！突っ込め！
もう一度言う
立ち去れ
う……っ
興奮した群衆をたった一人で退けた男
く…くそ！退け！
それがプーチンだった

…スゴい
ですね
たった一人で
ああ
判断力・決断力
そして実行力の
備わった男だ
同僚としての
プーチンはどんな人
だったんですか?
私と彼は家族ぐるみの
付き合いでね
いろんなことを
語り合ったものさ
もちろんあらゆる
場所が盗聴されて
いたから
我々はその死角を
探し出して
そこでよく話した
わざわざ盗聴を
避けたということは
政権批判とか……
その通り!
ワロージャは
特に共産主義には
懐疑的だった
リベラルといって
いいほどだ

彼に限らず
西側とナマで渡り合う
我々KGBはそういう
人間が多かった
ソ連や東側は
遅れていることを
いやでも実感した
からね
例えば我々が
命がけで手に入れた
技術情報を
本国に送るとするだろ?
しかしその技術は
いつまでたっても
実現されることはない
もはやその情報を
活かす術を持って
いなかったんだ
それは…
確かに虚しさを
感じてしまいますね
まったくだよ
現場が必死で
がんばっても
上が無能じゃ
すべての努力が
水の泡だ
ワロージャはKGBの
仕事に誇りを持って
いたしドイツでの生活も
楽しんでいたが…
そういう悔しさも
語り合った
そもそもプーチンは
どうしてKGBに?

大学生の時に
スカウトされたという
話だったが…
それなら彼の
インタビュー集に
詳しく語られてたわ
プーチンは一九五二年十月七日
レニングラード(現在のサンクトペテルブルグ)で生まれた
父は機械技師
母は工員として働き
共同アパートで質素に
暮らしていた
二人の兄はプーチンが生まれる前に
死亡し 彼は一人っ子だった
ワロージャ!
なにやってんだ
早く行こうぜ!

悪い悪い
ネズミを
追っかけて
たんだ
体格には恵まれ
なかったが成績は
優秀だった
しかし彼は決して
優等生ではなく
自ら
「私は昔ちんぴら
だった」
と語っている
お
おい!
てめえ
今オレに
ガン飛ばし
やがったな!
あ?
知らねーよ

おーい やめとけよ ワロージャ
だいたい てめえのツラが 気に食わねえ
なんなんだ オメーは
ボガッ
ドガン
グシャッ
あーあ
ほらみろ 言わんこっちゃ ない
むー
え？ あれ 六年生？ センパイじゃん
あんな チビが
プーチンは ケンカに負けた 悔しさから 格闘技を始める
強くなりたい
まずは ボクシングを 始めるが
鼻の骨を 折り断念

次にロシア伝統の格闘技
サンボの道場に入門する
そこで師匠のラフリンに
柔道への転向を勧められ
その魅力にのめり込む
ジュードー？
ニッポン？
そういや彼はよく
「柔道は哲学だ」
と語っていた
私のような年長者に
常に礼儀正しく
接するのも柔道で
学んだそうだ
来日したときも
よく柔道着姿が
ニュースになってた
もんね
実力はどれくらい
なんだろ
黒帯だから
強いんだろうけど
確かレニングラード
大会のチャンピオンだ
オリンピックも
目指してたそうだ
そりゃ
スゴい！

話を元に戻すと…彼がKGBを目指したのは子供の頃
スパイ小説とか映画とかに影響を受けたって…えーと「剣とナントカ」
「剣と盾」だね！うん！ありゃいい映画だよ！
へー
映画を見てKGBを目指すなんてあいつらしい！
少年らしい理由ですよね
プーチンが九年生の時KGBの支部を訪れる
あの…
何か用かな？
なんだって!?
KGBに入りたい!? ふふふなるほど
KGBに入るにはいくつか条件がある
ひとつ志願者は受け入れない
ひとつ軍の出身者か大学の卒業生であること

特に有利な学部はありますか？
そうだな…法学部だろうね
彼はその言葉をまっすぐに受け止め難関を突破しレニングラード大学の法学部に進学した
でも志願しちゃダメなんだろ？それじゃどうするの？
もちろん待ち続けたのさ！KGBから声がかかるのを！
ええ!?スゴい精神力！
しかしKGBが近づいてくる気配はなくさすがの彼も諦めかけた頃
君の就職について話したいのだがウラジーミル
KGBがついにプーチンに接触
ええ…ぜひ

すげー!!引き寄せの法則だ!
引き寄せ?
あなたはちょっと黙っててマモル!
きっとKGBを訪問したときにリストアップされてたのね
KGB時代のプーチン
こうして七五年にKGBに入りドレスデンに派遣されるのが…
八五年だ
ウソリツェフさんあなたには悪いけどここに派遣されるのははっきりいって二流のポストだわそうでしょ?
聞きにくいことを聞くなあ…
ふふふうんたしかに中央で出世するのはきびしいね実際彼は中佐止まりだ

だがね
これは彼が二流
だということには
ならない
そもそも彼には
出世欲というものが
なかったんだ
それに階級が上でも
現場では使い物に
ならないヤツなど
ゴロゴロいたし
我々
現場の人間は
そういう
出世主義者を
忌み嫌っていた
私が見る限り彼は
優秀なKGBだったし
愛国者だった
彼は自分のことを
よく
「国家の建設者《ゴスダルストヴェンニク》」
と呼んでいた
国家の建設者？
そうだ つまり
国家の公僕という
ことだ
彼は出世など
目もくれず
ひたすら国家の
ために働く男
だったんだ

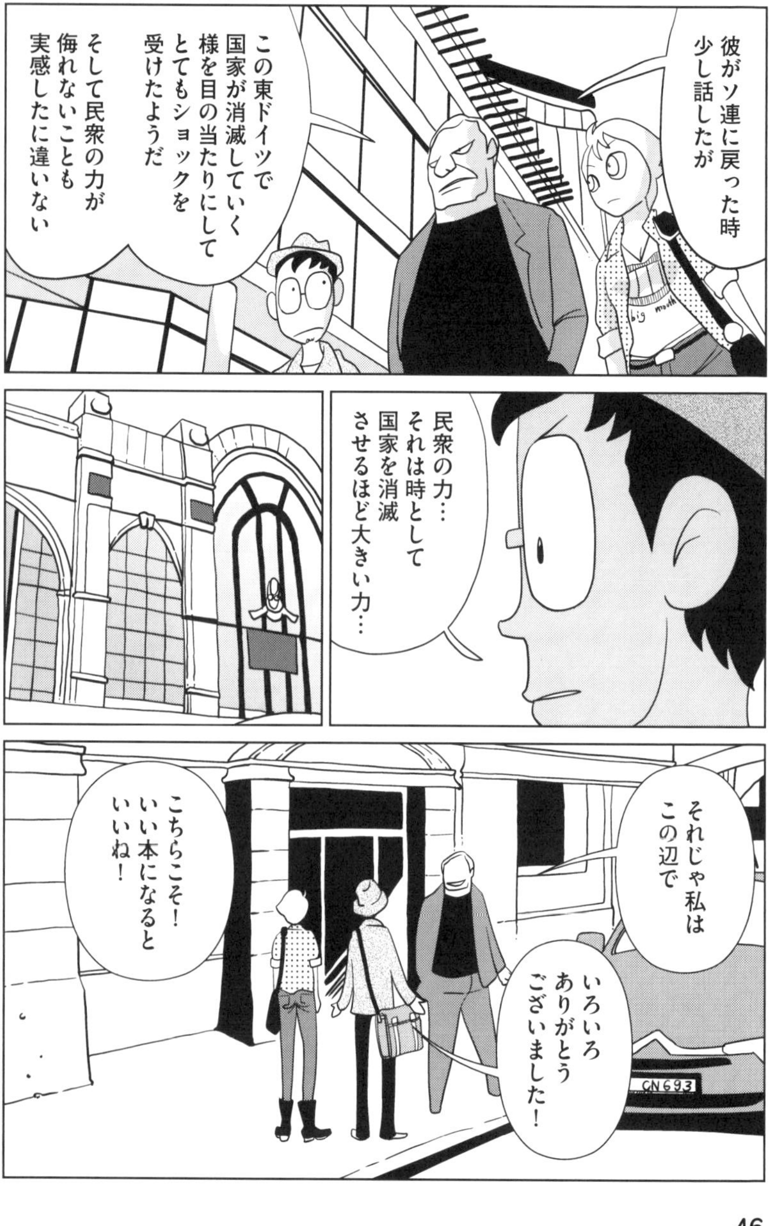
彼がソ連に戻った時
少し話したが
この東ドイツで
国家が消滅していく
様を目の当たりにして
とてもショックを
受けたようだ
そして民衆の力が
侮れないことも
実感したに違いない
民衆の力…
それは時として
国家を消滅
させるほど大きい力…
それじゃ私は
この辺で
いろいろ
ありがとう
ございました！
こちらこそ！
いい本になると
いいね！
big mouth
CN693

気さくな人だったね！
元スパイっていうからどんな強面が来るかとびくびくしてたのに
あれが典型的なスパイってことよ
え？
要は人たらしってこと！
情報を得るにはまず相手をたらし込んで信用させる必要があるでしょ？
ああそっか
マモルなんてすぐにスパイを信用してべらべら機密情報もらしちゃうタイプね！
機密情報かぁ…
例えば編集長の不倫がばれて離婚の危機にあるとか？
うわ！サイテーで誰と不倫してたの？
ほらぼくらがよく行く居酒屋にいたバイトの女の子で…

政治家への道

サンクトペテルブルクに到着
ぼくらはついにロシアにやってきた
夏のロシアはけっこう暑い
メルヘンチックな教会だね
ほんとね！「血の上の教会」なんて名前はコワいのに
名前といえばこの街もいろいろ名前が変わってるんだよね
そうそう ソ連時代はレニングラード 第一次大戦のころはペトログラード その前はサンクトペテルブルク ロシアの首都だったのよ

いかにも文化の都って雰囲気だね
東京に対する京都って感じかしら
プーチンはここで第一副市長を務めていたのよ
そう！それで今回はその頃のプーチンを知る人を取材するんだ
でもさ副市長時代のプーチンってまだ現役のスパイだろ？潜入工作でもしてたのかな
うーん

確かに当時の市長
アナトリー・サプチャークは
エリツィンみたいな
急進改革派で保守派とは
対立的だったようだけど
big mouth
プーチンは彼のことを
ずっと尊敬してた
ようだしそのことに
ウソはないと思うの
プーチンが裏工作のために
市政に携わってたとは
思えないわね
プーチンはドイツから
帰国後 母校レニングラード
大学に学長補佐として
赴任するの
学長補佐？
きっとKGBの人材の
スカウトマンとして
送り込まれたのね
でもそれって
だいぶ地味な
仕事だよね
ええ
要は左遷でしょ

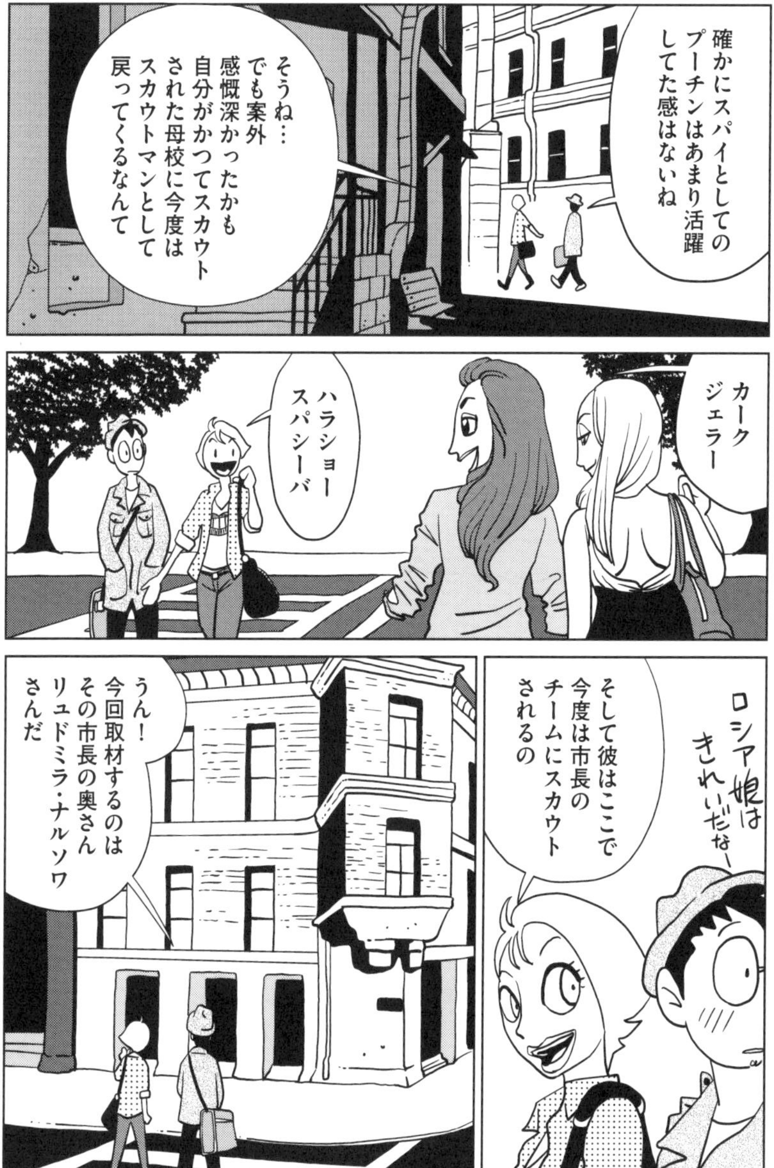
確かにスパイとしてのプーチンはあまり活躍してた感はないね
そうね…でも案外感慨深かったかも 自分がかつてスカウトされた母校に今度はスカウトマンとして戻ってくるなんて
カーク ジェラー
ハラショー スパシーバ

ロシア娘はきれいだなー

そして彼はここで今度は市長のチームにスカウトされるの

うん！今回取材するのはその市長の奥さんリュドミラ・ナルソワさんだ

遠いところからはるばるようこそ！
こちらこそ取材を受けてくださって感謝しますナルソワさん
プーチンが私の夫と働いていた頃の話が聞きたいのね？
ええよろしくお願いします
私の夫アナトリー・サプチャークは法学博士からソビエト人民代議員となり急進改革派として多くの市民から支持されていたわ

一九九〇年当時サプチャークはここレニングラード市の市議会執行委員会議長だった
彼は周囲に信頼できるスタッフがおらず優秀な人材を求めていたの
ちょうどその頃レニングラード大学にプーチンが赴任していた
コン コン
どうぞ
ワロージャ! ぼくだ アレクセイだ
よお! アリョーシャ
ずいぶん久しぶりじゃないか
そこへ法学部時代の旧友が訪ねて来た

なんだって?
サプチャークのスタッフにぼくを推した?しかしぼくは…
まあとにかく会うだけ会ってみてくれよ
その旧友がサプチャークにプーチンを推薦したのだ
ごぶさたしております先生!
ああ!何年ぶりだプーチン
サプチャークはプーチンが学生時代の法学部教授だった
君が来てくれれば私も心強いよ!ほんとに今人材不足で困っててね!
いや…
いつから来られる?今日からはさすがに無理か!?来週ならいいだろ!?
あの…

ち…ちょっと待ってください先生
実は私には秘密があって…
秘密？
ええ…実は私は…
KGB!? 君が!?
はい…協力したいのはやまやまなのですが逆にご迷惑をおかけするかもしれません
……
まあそんなことはどうだっていいじゃないか！
で？いつから来られる？
ええ!?
ずいぶん豪快な人ですね
ええ！これにはプーチンも驚いたらしいわ

こうしてプーチンはサプチャークの下で市政を運営する立場となった
最初の彼の肩書きは市の渉外委員長だった
具体的にプーチンはどんな仕事を？
彼が主に手がけたのはこのサンクトペテルブルクに外資を導入することだったわ
一九九一年ドイツの多国籍企業シーメンスが支店を開く
SIE MEN
その他にもパリ国立銀行とドイツのドレスナー銀行が共同出資した銀行の開設などを手がけた

なるほど
彼のドイツ語が
役に立ったわけ
ですね
彼のドイツ語は
たしかにとても
流暢だもの
サプチャークはこの街を
欧州への窓口とするという
ヴィジョンを描いていたの
そのヴィジョンを
実現させるための
実務を担ったのが
プーチンだった
なるほど
するとこのサンクト
ペテルブルグはご主人と
プーチンの活躍で
大発展したということ
ですか？
ううん！
結果は大惨敗！
街の経済状況は
悪化する一方
だったの
あ…
そうなんですか
でも当時のこの国は
大政変の時代よ！
国中が大混乱
してたから
仕方ない面も
あるのよ

あ！そうね一九九一年といえば…
ソ連保守派のクーデターが発生した年か！
一九九一年八月一九日午前六時半
…ゴルバチョフ大統領の…執務不能…
国家非常事態委員会の名で声明が発表された
それがゴルバチョフ主導によるソ連改革に反対する守旧派が起こした通称「八月クーデター」の始まりだった
ゴルバチョフは家族と共にクリミアの別荘に軟禁モスクワには戦車が展開する異常事態だった

このときプーチンは休暇中で別荘にいたそうよ
テレビで事件を知ってすぐに帰って来て
市庁舎に詰めていたサプチャークと合流したの
このときのプーチンはまだKGBですよね
そうよ そして
クーデターの首謀者の中にはKGB議長もいた
うわー
上司が反乱の首謀者かあ
プーチンは微妙な立場ですねー
ええ…
でも…
…繰り返す…
今後はヤナーエフが大統領として…
ガチャ

遅くなって
すいません市長
おう！
君んとこのボスが
・・・・
やらかした
ようだが？
元・ボスです
やっと私の辞表が
受理されまして
お！ そうか
そりゃ
おめでとう
プーチンは
クーデターが進行中の
八月二十日に
KGBを退職した
クーデターが失敗した
からよかったものの
もし成功してたら…
きっと
サプチャークと
プーチンは裁判に
かけられて反逆罪に
問われたでしょうね

だよねー
これは勤め人としてはすぐに決められる判断じゃないなー
サプチャークとプーチンたちスタッフは市庁舎に泊まり込み
クーデターに屈さないよう街中をまわって市民を激励した
モスクワではエリツィンがクーデターに反対する声明を出し
民衆もエリツィンを支持した
けっきょくクーデターは国民の支持も得られず失敗
そしてソ連も消滅したと
ご主人は激動の時代に市長をされてたんですね

ちなみに言うとこの街の名前もクーデター失敗を受けて夫が旧称を復活させたのよ！それまではレニングラード
あそうなんですか！
夫がプーチンを第一副市長に任命するのもこの頃ねたしか…一九九四年
さっきも言った通り夫もプーチンもこの街のために奮闘したけどなかなか状況はよくならなかった
でもね彼らは激動の時代を共に戦った同志だったし師弟だった彼らは自分の仕事に誇りを持って取り組んでいたし
プーチンは今のように立場が変わってもことあるごとに夫への敬意を表してくれるわ

たしかにサプチャークといる時のプーチンの笑顔はとても自然に見える
尊敬する人と仕事できるのがうれしくてたまらないって感じだね
どうもありがとうございました
お役に立ててうれしいわ
あ！そうだ
ナルソワさん現在のプーチンについてどう思います？
そうね…
今のプーチンはあの頃の彼とはまるで別人ね…
別人…

マモルは今のインタビューどう思った？
ちょっと意外だったね！
市長に率直に自分がスパイだって告白したりクーデターに明確に反対してKGBを退職したり…
ウソリツェフさんの言うとおり確かに当時の彼は純粋な理想主義者だったって印象だ
裏工作してたようには思えないね！
それに経済を発展させるために積極的に外資を導入するなんてまるでやり手のビジネスマンだ
確かに彼は共産主義にどっぷりってわけじゃなかったようだね
そうね… でもこの頃彼は食料輸入にまつわる汚職疑惑を追究されてるわ
街の財政は救えなくても私腹を肥やすことには成功したみたいね
まあ結局その真相はうやむやになっちゃったんだけど
それじゃプーチンが汚職に手を染めたってのも真実かどうかわからないんだよね
仕事できるやつには必ず足をひっぱる敵がいるもんだよ

それにしてもさ
プーチンは政治の世界への野心なんかなかったんだろ？
それがたまたま大学に戻ったらたまたま昔の恩師が政治家になってて その恩師がたまたま人材を探しててたまたまプーチンを推薦してくれる人物が現れて…それらの偶然がプーチンの大統領への道を開くんだ人間の運命って不思議だね！
不思議なのはほんとにそれだけ？
え？
だっておかしいのよ！そもそもプーチンとサプチャークは大学時代ほとんど交流はない・・・のよ！講義を数回受けただけ！
へぇ
それじゃサプチャークは何を根拠にプーチンを信頼したの？彼がKGBだと知らされたにも関わらず！だいたいプーチンを推薦した旧友はなぜ政治の素人のプーチンを推薦したの？
ひょっとしてサプチャークもKG……
ふーん…
ねえアルマ…君ひょっとして都市伝説とか陰謀論とか大好きだろ？
ちちち違うわよ！し失礼しちゃう！

プーチン大統領誕生

へー君たち
マンガ作ってるの?
オレも日本のマンガ
大好きだぜ!
そうなん
ですか
ああ
ロシアじゃ
日本のマンガや
アニメは
大人気さ!
TAKCИ

あ! それじゃ
頼みがあるんだが
オダとミウラに
早いとこ物語を
完結させるように
言っといてくれよ!
オダと
ミウラ?

あたしもルフィとガッツ大好き！
尾田と…三浦…
日本のマンガはマジですげえ！
なんであんなにロシアの魂を描けるのか不思議だ！
違うわよ！ゲルマン魂でしょ？
君ら日本人はきっと輪廻転生して永遠に長い長い物語に付き合えるんだろ？だがオレはキリスト教徒なんだぜ？輪廻はしないんだ！
へー日本人ってそうなの？いいわね
いやあ…どうかなあ
だからせめてオレが死ぬまでには物語のラストシーンを見させてくれ！
それは…ぜひとも集英社さんと白泉社さんにお問い合わせを…

ところで…
このバカげた
大渋滞はいったい
なんなんですか?
あん?
こんなのいつもの
ことだぜ
モスクワ名物だ
これでも以前
よりはだいぶ
マシになったんだぜ
ええ!?
以前はもっと
ヒドかったの!?
TAKCИ

以前はなにしろプーチン様がご出勤あそばされるたんびに道路を封鎖してやがったからな
そりゃ迷惑な話ですね
今は違うの？
今はヘリで通ってるぜ
へえ…日本とはスケールが違うな
ТАКСИ
とにかく頼んだぜにいちゃんロシア文学より長い物語なんてありえない！
ええ……善処します……
あたしは輪廻転生よりも魔界転生したい！
なに言ってんの？

大渋滞を乗り越え
ぼくらはやっとモスクワ大学に
たどりついた
まるで要塞
みたいな建物だね
スターリンゴチック
様式っていう
らしいわ
今回取材するのは
国際政治学者の
マルコヴィッチさんだ
はじめまして
内海です
こちらはアルマ
マルコヴィッチだ
よく来たね！
プーチンのことを
取材してるんだって？
はい！今日はプーチンが
ペテルブルクの副市長から
どういう風に大統領にまで
上り詰めたのかを伺いたくて

それではサプチャークが市長再選に落選した頃から話を始めよう
サプチャークは落選しちゃったんですね
'96年のことだ新市長はプーチンを引き止めたが彼はそれを断ってサプチャークと共に市庁舎を出た
プーチンの忠誠心を表すエピソードとして有名だ
でもそれってつまり無職になったということですよね
そういうことだな

プーチンは二～三ヶ月は完全に失業しあせっていた
あなたモスクワから電話よ
ボロジンという人から
ボロジンだって?
そのボロジンとは何者ですか?
大統領府総務局長でエリツィンの側近のひとりだ
その男が大統領府で働かないかと声をかけてきた
彼はプーチンとは旧知の間柄だったんですか?
いやプーチンとは数回会ったという程度らしい
数回しか会っていないのにプーチンをスカウトした?
そうだ それはプーチンも不思議だと語っている

君を大統領府の幹部に推薦したいと思ってね！
よもや否《ニエット》とは言うまい？
ええ…しかしなぜ私を？
もちろん君の能力を見込んでのことだ！
ペテルブルクで見せた君の政治力や交渉力を私は高く評価してるんだ今度はその手腕をぜひ政府で活かしてほしいんだ！
もちろんです！ありがとうございます！
すごいラッキーな話だね！失業したと思ったら今度は政府にスカウトされるなんて！
加えて彼が元KGBだという経歴が魅力的だったのかもしれない
元スパイの情報収集能力など普通の官僚はとても持ち得ない能力だろうし

ボロジンはプーチンが元KGBだと知っていたんですか?
みんな知ってたさ!
なにしろ彼は副市長時代にテレビのインタビューなどで自分の経歴を包み隠さず話しているからな
あ!そうなんですか随分あけっぴろげな人だなプーチンって…ほんとにスパイなの?
まあその時は既に退職してたわけだし…それだけKGBでの仕事に誇りを持っているということだろう
それからプーチンは驚くべき出世を遂げる
'96年 大統領府総務局副局長
'97年 大統領府監督総局長
'98年 大統領府第一副長官
そして同年FSB※長官に任命される

＊FSB…ロシア連邦保安庁。KGBの後身。

毎年昇進じゃないですか！すげーな
でも…さすがになんだか不自然じゃない？
不自然？そうかね？
だって…お役所仕事よ？
役所の中でこんなにスピード出世するほどの業績ってなに？民間企業だって普通ありえないわ
なるほど君はプーチンが例えば賄賂などの手段を用いて出世したと言いたいのかね？
うーん…そうね…
でもプーチンは地方都市の一役人だったんだろ？そんな大金さすがに持ってないだろ？
それは例の食料輸入の汚職疑惑よ！その時に莫大な資金を作っていたとしたら！
あなるほど
そいつあおもしろい
でもさあその真相ははっきりしないんだろ？

仮に君の言うとおりだったとして出世に興味なかったプーチンが突然出世主義者に変貌したのはなぜだい？
彼はFSB長官になりたかったのよ！
彼はKGBに失望して辞めたわけでしょ？長官になったら彼の理想の組織を作れるわ！
君はなかなか想像力豊かな人のようだがひとまずここは事実だけを確認しようじゃないか
事実彼は毎年出世してわずか二年で古巣のKGB現在のFSBのトップになった
うーむ
さてここからプーチンは首相そして大統領にとさらに大出世するわけだが
ここで当時のロシアの状況を確認しておこう
プーチンがモスクワ入りした'96年頃大統領選を控えたエリツィンの支持率はがた落ちしていた

'92年からエリツィンが主導した
経済改革は「ショック療法」と
呼ばれる大胆なものだった
その結果ロシア経済は
ハイパーインフレに陥り
失業率も跳ね上がり
行政サービスも崩壊した
90.00
80.00
70.00
60.00
50.00
40.00
30.00
20.00
10.00
1997年
1998年
1999年
'94年にはチェチェン共和国の
独立を阻むために
軍を投入し紛争は泥沼化
なんとか人気を
取り戻したい
エリツィン陣営は
新興財閥《オリガルヒ》に近づいた

このままでは共産主義の時代に逆戻りしてしまう！ロシアの自由を守るために諸君の力を借りたい！
もちろんです大統領我々は新生ロシアのために協力を惜しむことはないでしょう
ロシアに
乾杯！
エリツィン陣営は彼らと手を組むことで選挙戦への大規模な協力とメディアへの優先的なアクセスを手に入れた
オリガルヒは見返りとして石油・ガスなどの国有会社を民営化する際の支配株式を独占できる特権を手に入れた
これが悪名高い「ローンズ・フォー・シェアーズ」合意だ
その結果エリツィンは大統領に返り咲いた

典型的な金権政治ね
金権腐敗政治だ！これ以降政府に汚職が蔓延した
くっだらない！
エリツィンとオリガルヒの保身のためにロシアはどんどん弱体化していったわけだ
そんな時エリツィンは心臓病で倒れ入院してしまう
すかさず当時首相だったプリマコフが政権に巣食う汚職摘発を開始した明らかなエリツィン潰しだ
彼は元KGB第一総局長官も務めたいわばプーチンの大先輩だ
しかしプリマコフは当時すでにFSB長官だったプーチンではなく検事総長ユーリ・スクラトフにオリガルヒ攻撃の指揮を執らせた
頼んだぞスクラトフ
はっ！お任せを首相！
スクラトフの汚職摘発捜査をめぐり大統領側と議会は対立した

どうするんだ
ベレゾフスキー
このままでは
次期大統領は
プリマコフだ！
やつは私の失脚と
同時に君たちを
潰しにかかるぞ！
なんとかできない
のか？
……
しかしこの直後
スキャンダルが
スクラトフを
襲う
そんなの明からさまな
オリガルヒ側が仕組んだ
替え玉映像じゃないの
かも
しれん
しかし
スクラトフに似ている
男が売春婦と全裸で
寝ている場面を
盗撮した映像が
テレビで放映された
のだ
我々FSBがこの
映像を精査した結果
これは検事総長
本人であることが
確認された

FSBがスクラトフを追い込んだ…
つまりプーチンは自分はエリツィン側の人間だと宣言したってことね
そういうことだな とにかくこれでゲームセットだ スクラトフは失脚 エリツィンはプリマコフを解任した
しかしエリツィンの体調はすでに万全ではない オリガルヒは大急ぎで後継者を探し出す必要があった
なんだと? あのFSB長官を私の後継者にだって?
そうですよ大統領! 彼のことはペテルブルク時代から知っていたが 彼のボスへの忠誠心は本物だ! プーチンこそ次期大統領にふさわしい!
ちょっと待って! ・ペ・テ・ル・ブ・ル・ク・時・代・から・プ・ー・チ・ン・を・知・っ・て・い・た・ですって!?
ああ ベレゾフスキーはプーチンが副市長のときペテルブルクで事業を開始する許可を得るため彼に会っているそうだ
賄賂を一切要求しない役人は珍しく それが好印象だったらしい

ともかくベレゾフスキーの
強い後押しでプーチンは
エリツィンに引き合わされ
新首相に任命される
その前の首相をわずか三ヶ月
でクビにしたうえでだ！
これが'99年のことだ
彼がモスクワに来てから
わずか三年が過ぎたころだ
……さすがにこれは
ぼくも出来過ぎな話
って感じがするなあ
そうよね
だってそもそも
ボロジンがなぜ
プーチンをモスクワへ
呼んだのかもよく
わからないし…
これはやっぱり
ベレゾフスキーが黒幕で
最初から糸を引いてた
んじゃないの？
彼はきっと最初からプーチンを
後継者にしようと考えて…

しかし プリマコフや スクラトフの攻撃が あったからこそ プーチンの忠誠心 を表す機会も 生まれたんだ これらもすべて ベレゾフスキー が仕組んだと？
あー そっか
さてプーチンを 首相にしたはいいが 問題がひとつあった
国民は誰も プーチンを知らない ってことね
そうだ
このままでは プーチンを 大統領にしよう と思っても 誰も投票して くれない
そこで ベレゾフスキーは まず自分の持っている テレビ局で連日プーチンの インタビュー番組を 放送した
そして彼の生い立ちや 人となりなどを 語った自伝を出版
FIRST PERSON
VLADIMIR PUTIN

そして首相の支持率を爆発的にアップさせたのが戦争…
そう第二次チェチェン紛争だ
一九九九年八月から九月にかけてロシア各地で地下鉄やアパートを狙った爆破テロが発生
正体不明のテロ事件に国民は震え上がった
プーチン政権はこの事件をチェチェン独立派による犯行だと断定
テロリストどもがたとえ便所に逃げ込んでも追いつめて殺す！
チェチェンのテロだと知り国民の報復感情が高まるなかプーチンはチェチェンへの攻撃を開始
彼の知名度と支持率は一気に高まった

そして一九九九年の大晦日
エリツィンは突如大統領辞任を
表明
プーチンを後継者に
使命した
わずか三年四ヶ月前まで
無職だった男が
驚くべきスピードで
大統領になった
……

もちろん本当に大統領になるのは三月の投票によってだが…結果は言わずもがな
ええ…
なにしろチェチェン紛争による圧倒的な支持率とオリガルヒという巨大な後ろ盾がいますからね
三年で無職から大統領なんて…
確かにこれは陰謀論者でなくても
いろいろ裏があったのかって勘ぐりたくなる話だね
でしょう?
プーチンがそれだけ優秀な官僚で人たらしの天才でしかも驚異的強運の持主だからだという解釈はどうだ?
うーん

さて今回はこれくらいにして続きは家でやろうじゃないか
お邪魔していいんですか？
無論だ
プーチンがついに大統領になったしかし彼のことを知れば知るほど謎が深まるばかりだ

ちなみにエリツィンから大統領職を引き継いだプーチンは「ミレニアム・メッセージ」と呼ばれる論文を発表したいわば彼のマニフェストだ
そこには彼の国家観が現れている「ロシアはアメリカやイギリスのように自由が根付く国ではない」「ロシア人にとって強力な国家とは秩序を保障する源であり改革を開始する原動力だ」「社会は国家の指導力や統率力の回復を望んでいるのだ」
ふむ…しかしプーチンの言う「国家」っていったいなんだ？

プーチンの政治

「腹へったのでメシにしよう」というマルコヴィッチさんの提案で
ぼくらはアルバート通りというにぎやかな通りにやって来た
Караоке
カパオケ
カラオケな
なに食べるんですか?
スシだ! スシ食おう!

YAKUZA
ヤクザ
ロシアじゃ日本料理は大人気なんですって！
へえ
特にスシだな！スシは最高だ！
イラサイマセー
おー
田中
イラサイマセー
イラサーイ
痛風
勘違いニッポンのオンパレードね！おもしろーい

巻き寿司が多いんですねー アハハこれなんか ベーコンで巻いてる！
でもおいしい！このあったかいおスシもいける！
ここロシアでは エスニックと いえば日本料理なんだ
うーん…
でも寿司とは言えないなー
そうなのか
日本だってピロシキに春雨入れるんだからお互い様よ
なに!? それはピロシキではないな
それに日本のビールはドイツに比べたら冷たすぎるし
へー
まあ うまけりゃ なんでも いい！
ごもっとも！
ぼくら仕事中なんですけど
一杯くらいいいだろ！ ビールなんて ジュースだ！

ところで
プーチンが大統領に
なるまでの道のりは
出世物語としては
確かにスゴいけど
一方でエリツィンが
作った難題を
引き継いだってこと
でもありますよね
うん
そうだよね
いくら最高権力者と
いっても当時のロシアは
ボロボロだったんだ
もんね
そう
引き受けるには
相当の覚悟が
必要だったと
思うの
でもプーチンは
最初は
オリガルヒの
操り人形として
選ばれたんだろ？
ただのお飾りなら
責任感なんて
わかないよね
ほんとにお飾り
ならね
でもプーチンは
違った！
彼は大統領に
なった途端
オリガルヒに
牙をむくの！

話が違うじゃないかプーチン！
話が違うとは？
この間の政見放送だよ！あれでは我々オリガルヒの影響力を排除すると宣言しているようなものだ!!
私は至極まっとうなことを国民に語ったにすぎないがねベレゾフスキー
企業はすべて自力で活動しなおかつきちんと国家に税金を収めなければならない
そしていかなる企業も国家の制度に影響力を行使することは許されないこれらを守れない企業にはそれ相応の制裁を加える
どれもこれもあたりまえのことじゃないかかね？

し…しかし
それでは…
エリツィンの時とは
違うというのかね
ぐ……
君は……
誰のおかげでこの
椅子に座っているんだ
と言いたいのかな？
そう言いたい気持ちは
よくわかる
私も逆の立場なら
そう言ったろう
だが残念だったな
ベレゾフスキー
君たちオリガルヒは
人選を間違えた

ここではっきり言っておく 私はロシアをここまで屈辱的に弱体化させたエリツィンや君たちオリガルヒに仕える気は毛頭ない！
私が仕えるのはロシアだ！
君たちが国家を今までのように食いものにしようと考えないかぎり君たちの身の安全は保証する
プーチン…！ きさま…!!
しかし再びこの国の政治に薄汚いネズミのようにチョロチョロと入り込むようならその時は覚悟することだ
口を慎みたまえ 君が今話しているのは大統領だ

いいだろう！
必ずきさまを
その椅子から
引きずり
おろしてやる!!
オレを裏切ったら
どうなるか
思い知るがいい!!
バターン
思い知るのは
おまえらの方だ
ベレゾフスキーは
その後プーチンと対立し
二〇〇〇年には
イギリスに亡命したわ
ベレゾフスキーは
今もプーチンと
戦ってるの？
死んだよ
え？

ベレゾフスキーは
二〇一三年三月
ロンドン郊外の自宅で
首吊り死体となって
発見された
POLICE
CAUTION DANGER
じ…自殺ですよね？
まあ相当金には困っていたようだからな
でももちろん暗殺説もあるわよ！
ちなみに今までプーチン政権を批判していた人物が不審死を遂げた例は二百件以上よ！

ベレゾフスキーの死の真相はともかく
プーチンは大統領になるとそれまで政治に影響力を持っていたオリガルヒを次々と排除した
手のひらを返したわけだ…こわいなあ
でもあたしはこのやり方はある程度評価する！
へー珍しいね
だってこうでもしなければロシアはさらに弱体化して今ではもっとヒドいことになってたはずだもの
まあそうだな
さっきも話したように当時のロシアは借金大国だ経済を安定させるだけでも奇跡なのに
プーチンはたったの五年でＩＭＦやパリ会議つまり西側への借金を完済したんだ！

五年で!? すげー
しかも三年前倒し
たしかにスゴいけど…でもやっぱりプーチンはやり方が汚いのよ
プーチンはね借金返済の財源である石油と天然ガス産業を奪い取ったの！
奪い取った!?
ユコスとガスプロムだな
まず石油会社ユコス
ЮКОС
世界の石油生産量二%世界最大級の石油会社だったの

CEOのホドルコフスキーは当時プーチンとの対決姿勢をあらわにして次の大統領選にも出るともウワサされてたの
ところが彼は突然脱税と横領の容疑で逮捕されてしまう！
ホドルコフスキーさんなにかひとことと！
巨額の脱税は国民への背信行為ではないんですか!?
ぼくは脱税などしていない！
これは明らかにプーチンの陰謀じゃないか！ぼくは無実だ！
でも彼の主張は通らず十年間シベリアの刑務所に収監された

そしてユコスは国営企業のロスチフネに吸収される会社を乗っ取ると同時に政敵も葬ったわけ
ちなみにロスチフネの社長セーチンはペテルブルク時代のプーチンの個人秘書よ！
AY
GAZPROM
そして天然ガスはガスプロム世界最大のガスの生産と供給を誇る企業だ！
ロシアでも最大規模の納税企業だがそれゆえ政府への影響力も大きかった
社長のヴャヒレフは政府と対立しがちだったけど
二〇〇一年に就任したミレル社長によってガラリと政権寄りになるの！

まさかこのミレルも…
そ！プーチンのおトモダチ！
プーチンがペテルブルクの渉外委員長だったときの部下だ
彼が社長になってからガスプロムとユコスを吸収したロスチフネは業務提携した
プーチンは大統領就任以降ペテルブルク時代の部下達を側近に登用し始めたんだ
こうしてプーチンは石油とガスを手に入れた！
そして借金を返済！
ひえー

確かにユコスを奪ったり企業のトップに自分の腹心の部下を送り込んだりやり方は感心しないけど……
でもエリツィン時代は無策で自分の保身ばかり
プーチンは国民のためになる政治を行ってるように思えるんだけど
国民のためですって？
それは違うなウツミくん
プーチンは国民のためではなく国家のために政治を行っている彼は国家主義者なんだ
国民ではなく国家のため…そこがよくわからないんです
だって…国民あっての国家でしょ？
それは西側諸国の主権在民の思想ね
国家は個人の自由と権利を守るために奉仕する
そうだね

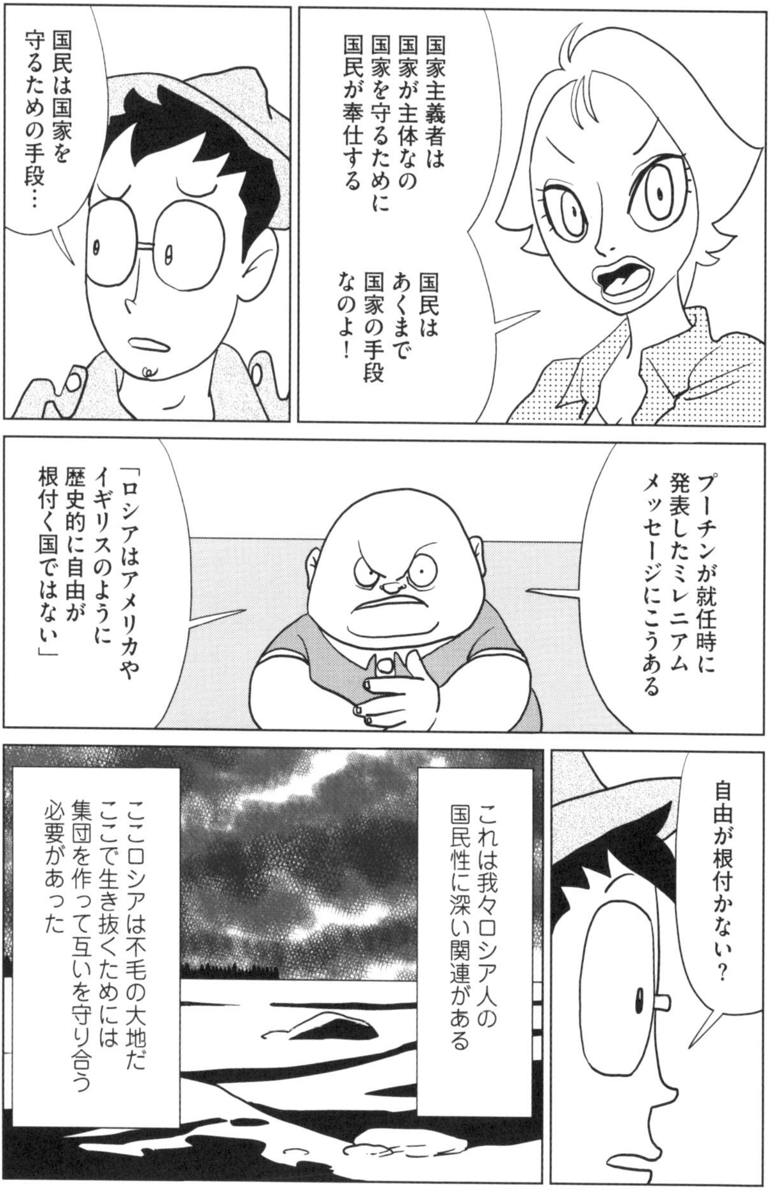
国家主義者は国家が主体なの国家を守るために国民が奉仕する
国民はあくまで国家の手段なのよ！
国民は国家を守るための手段…
プーチンが就任時に発表したミレニアムメッセージにこうある
「ロシアはアメリカやイギリスのように歴史的に自由が根付く国ではない」
自由が根付かない？
これは我々ロシア人の国民性に深い関連がある
ここロシアは不毛の大地だここで生き抜くためには集団を作って互いを守り合う必要があった

そこでうっかり
個人の自由や権利を主張して
集団から放り出されてしまえば
その個人は
この無慈悲な大地で
一ヶ月と経たず
死んでしまうだろう
だからロシア人は元々
集団主義的だ
個人よりも集団の
価値を重んずる
そしてその集団は
強くなければ
生きていけない
そのために必要
なのは
強いリーダーだ
強いリーダー…
ソ連崩壊以来
ロシアは大国の地位から
あっという間に
滑り落ちていく
頼みとすべきリーダーは
無能だ!
ロシア人のプライドは
ズタズタになっていた

そこへ突如
強いリーダーシップを
発揮する大統領が
現れた！
ロシア人は思った
「ヤツはイスラム過激派を
徹底的にブチのめし
西側に媚びてこの国を
ダメにした企業家どもを
吊るし上げていく！
胸がすくじゃないか！」
「やり方は
多少荒っぽいが
まあしかたがない
国がダメになるより
よっぽどマシだ」
多くのロシア人にとって
プーチンはまさに
理想の強いリーダーの
出現に他ならなかった
んだ
彼が国家主義者を
堂々と名乗っても
それはロシア人が
元々持っている価値観
なんだ
プーチンは
徐々に
報道規制など
国民の権利を
制限し始めるが
それはロシア人が
求めたことでも
あるんだ
そうか…個人の自由を
規制していくのが
国家主義…
それでも
プーチンは
最初欧米から
歓迎された
のよ
ええ？
そうなの？

プーチンは内外問わずノーマークで得体の知れない男ではあったが
少なくとも反動的な共産主義者ではないことがわかって欧米は安堵したんだろう
それに莫大な借金がある限りロシアは欧米に協調せざるを得ないという事情もあったの
なるほど
でもこの時の彼の外交は大成功といってもいいんじゃないかしら
へー
そうだな第一期・第二期のプーチンは各国の首脳陣に好印象を与えている
プーチンは日本の首相とも友情を結んだエピソードがあるはずだが…
えーと当時の首相というと…
森喜朗よ

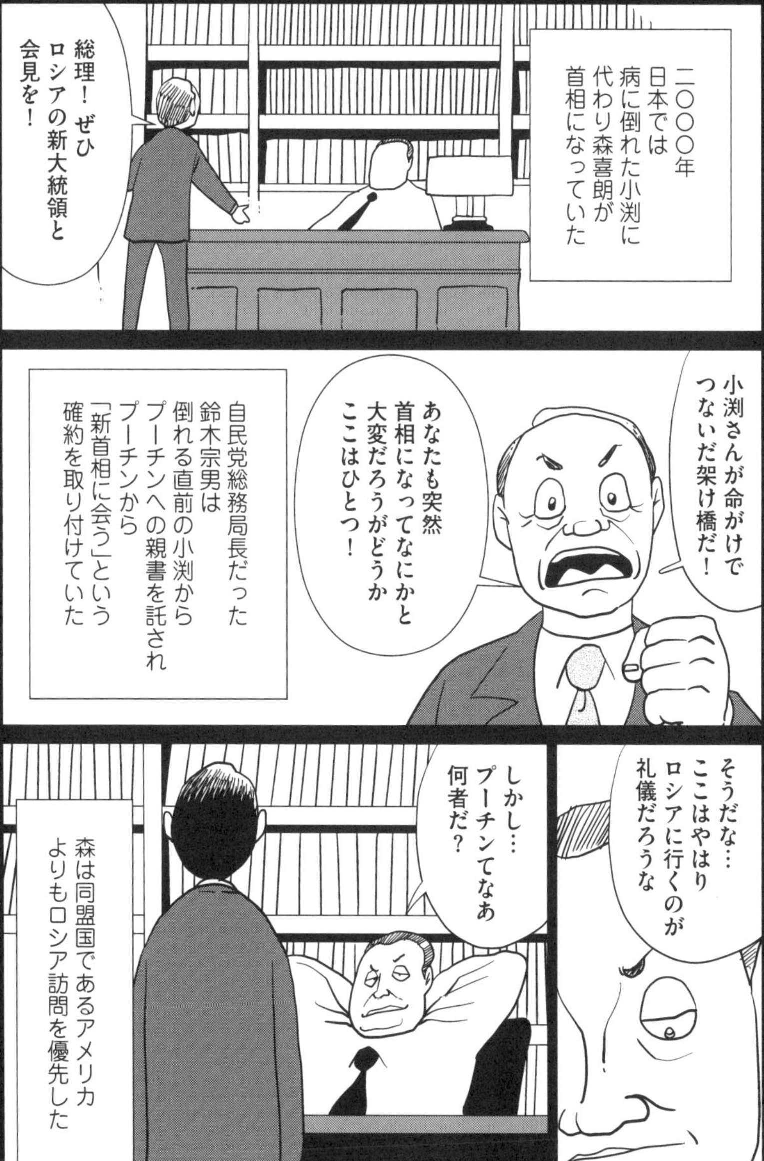
二〇〇〇年
日本では
病に倒れた小渕に
代わり森喜朗が
首相になっていた
総理！ぜひ
ロシアの新大統領と
会見を！
小渕さんが命がけで
つないだ架け橋だ！
あなたも突然
首相になってなにかと
大変だろうがどうか
ここはひとつ！
自民党総務局長だった
鈴木宗男は
倒れる直前の小渕から
プーチンへの親書を託され
プーチンから
「新首相に会う」という
確約を取り付けていた
そうだな…
ここはやはり
ロシアに行くのが
礼儀だろうな
しかし…
プーチンてなあ
何者だ？
森は同盟国であるアメリカ
よりもロシア訪問を優先した

四月二十九日
会見はサンクトペテルブルクのロシア美術館で行われた
首相就任後にすぐに我が国を訪れてくださり感謝します
こちらこそお会いしていただき光栄です大統領
あなたのお父上はソ連との交流に尽力されたそうですね
ええ!?
よく調べてるな
さすが元KGBという所か
おっしゃる通り私の親父は日ソ交流に熱心でね
死んだときもシベリアのイルクーツク市から骨を分けてくれって頼まれたくらいで
私は青嵐会だしどっちかっていうと反ソだったからイヤだったんだが…これがどうやら親父の策略だったらしいんだな

策略？
つまりさ 自分が死んだら 日ソ友好の火が消える
せがれは議員だが反ソだ だが自分の墓がソ連に あればイヤでもせがれは ソ連を訪れるだろうってね
なるほど！
おふくろは今でも 年二回は墓参りに 行ってる
おふくろが死んだら 骨は入れてやんなきゃと 思ってるし 私も自分が死んだら ロシアに分骨するだろう
そうなれば 将来私はあなたと 同じ地で眠ることに なりますな！
大統領？

いや申し訳ない
…とてもいい話だ
いや…
こちらこそ
ありがとう
それから
プーチンと森は
胸襟を開いた仲に
なるわけだ
いいヤツだなぁ
プーチン
単純！
その後プーチンは
森の首相として最後の
訪ロの際 会談の地をわざわざ
シベリアに設定し
森と共に
森の父の墓参りをした

プーチンは
訪日したときに
柔道の山下泰裕とも
友情を結んでいる
二〇〇〇年九月
プーチンは初訪日の際
柔道家の聖地
講道館を訪れた
プーチン大統領に
ぜひ名誉六段の
紅白帯を受け取って
いただきたい！
いや…とても
光栄だがそれは
辞退したい
え⁉
じ…辞退⁉
しかしこれは
友好の証で…

私は柔道家だ六段の重みがどれほどかよくわかっている
残念ながら私の実力はまだこの帯にふさわしくない
帰国してさらに研鑽を積んで
その帯を締められるような柔道家になりたいと思います
は…はい！
漢《おとこ》だ！プーチン
プーチンの人をたらし込む能力はこの頃大いに発揮されたんだ

ドイツのシュレーダー首相との友情は有名ね
なにしろシュレーダーは引退したあとガスプロム関連会社の役員になるのよ
イタリアのベルルスコーニ首相も親友だ
フランスのサルコジ大統領ともウマが合ったようだ
そしてアメリカのブッシュ大統領との友情は冷戦が終わったことをはっきり示している
たしかに

米ロの関係が変わったことを象徴するのが同時多発テロの時のロシアの対応だろう
二〇〇一年九月十一日
大統領！緊急事態です！
なんだ？
アメリカが攻撃されていますおそらくアルカイダかと
すぐにブッシュにホットラインをつなげ！
はッ

あれほど警告していたのに
イスラム過激派を甘く見すぎだ
ロシアは以前からアルカイダの動向に注意するよう警告していたのでもアメリカはそれを軽く扱ってしまった
そして皮肉なことにこのテロを境にそれまで批判的だったチェチエン紛争へのアメリカの見方が変わるの
というと?
ロシアは以前からイスラム過激派と孤独に戦い続けていた同志だという認識になったんだ
なるほど
アメリカはその後アフガンを攻撃するんでしたっけ

二〇〇一年十月七日
アメリカはビンラディンの引き渡しに
応じなかったタリバン政権に対し
攻撃を行った
ロシアもこの
アフガン攻撃を支援した
特筆すべきは
この時ロシア領空内を
米軍機が通過することを
許可したこと
それに旧ソ連である
ウズベキスタンや
キルギスの基地に
米軍が駐留することも
許可した
キルギス
ウズベキスタン
中国
イラン
アフガニスタン

なるほど…
冷戦は終わったことが
世界中にはっきり伝わる
出来事ですね
と同時に
テロとの戦いが
始まったわけだがな

そしてプーチンが
第一期・第二期の時
欧米と足並みを揃えていた
ことを象徴するのは
なんといっても
G8への参加ね！
先進国の首脳達が
一同に会する
このサミットに
ロシアが正式に
招かれたというのは
ロシアがもはや
経済破綻のない
正常な国家として
認められたという
ことよ！
2002年カナナスキスサミット

プーチンってさ いくらペテルブルクで 副市長をしてたとはいえ トップとして政治を 行なうのは初めてだろ?
そうね
それがいきなり ズタボロの国のトップを まかされてそれを 回復させるなんて やっぱり名指導者 だと思うんだ
たとえ彼が国家主義者で 国民のためではなく 国家のために働いてるとしても 結果的にそれは国民の ためになっていると思うし!
ふむ
君はどう 思う?
うーん…
あたしはプーチンが この二期で退いていたら あるいは評価したかも しれない

彼は確かに有言実行
目標は常に明確
でもそれを実現する
手法はいつも不透明よ
汚い手段でもいいという
方法論を放置すれば
いずれ必ず権力は暴走する
暴走した権力は今度は
国民に牙をむけるわ！
権力が暴走した時
個人の自由を認めない
国家主義の恐ろしさが
はっきりと表れるの！
現に今そうなってるわ！
批判者は次々と
殺されてるのよ！
うーん…
そうだねえ
私もアルマさんと
ほぼ同じ意見だ
彼は初期の頃と今では
まるで別人のようだ…
別人…
ナルソワさんも同じことを
言っていた…
プーチンはいったい
どう変わったというのだろうか？

プーチンの戦争

中国人？韓国人？
ににに日本人です！
あたしドイツ
え？スシ食べて来たの!? あたしのは!?
あるわけないだろ
おまえいつも友達とマックで食べてくるじゃないか
ずるーい！あたし今日なんにも食べてないのにー スシ食べたーい！
ぼぼぼぼくが
ひとっ走り行って買って来やしょう！
CYШИ
やった！スシ久しぶり！
なんだ？買って来たのかウツミくん

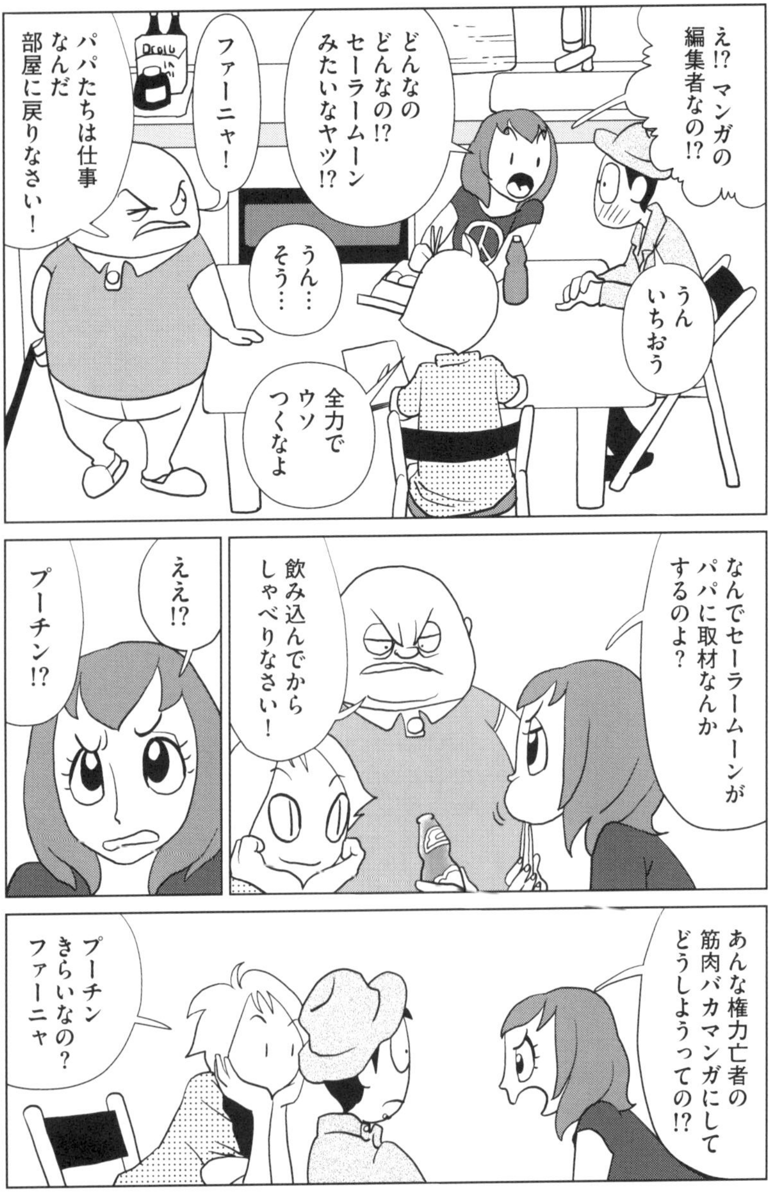

え!? マンガの編集者なの!?
うん いちおう
どんなの どんなの!? セーラームーンみたいなヤツ!?
うん… そう…
全力でウソつくなよ
ファーニャ!
パパたちは仕事なんだ 部屋に戻りなさい!
なんでセーラームーンがパパに取材なんかするのよ?
飲み込んでからしゃべりなさい!
ええ!?
プーチン!?
あんな権力亡者の筋肉バカマンガにしてどうしようっての!?
プーチンきらいなの? ファーニャ

大っキライよ！時代錯誤の独裁者!!
彼女は大学で政治を学んでいるんだ
へー
反プーチンのデモなどにも参加してちょっと心配なんだが…
パパはプーチンを過大評価しすぎよ！
そんなことはない！彼は公平に見てロシアを救った男だ！
いいわ！あたしも討論に参加する！
討論するんじゃない！
やれやれ…かまわないかね二人とも
あたしは全然オッケー
断る理由が見当たりません！

さてプーチンは二期の大統領の期間にかなりの成果を上げたわけだが
経済の回復とG8参加ね
教科書を持って来た
プーチンはここでいったん大統領職を退くんですよね？
そうだ
そして後継者にメドベージェフを指名する
と同時にプーチンは首相として政権に留まった
これが〝二人乗り《タンデム》〟政権ね
きもーい

メドベージェフが大統領になっても結局プーチンの操り人形じゃない！
プーチンがずーっと権力を握ったまんまじゃん！
まあそれに異存はないな
彼には少し期待していたのだが…
彼もプーチンの昔からのおトモダチね
そうだメドベージェフはペテルブルク時代のプーチンの法律顧問だった
彼が任期中にやった大きな仕事といえば大統領の在任期間を四年から六年に延長したことだろうな
そして二〇一二年プーチンがメドベージェフと入れ替わる形で大統領に復帰した

これじゃ…彼らの命が続く限りずっと権力を握っていられるシステムですねこんなの聞いたことないな
在任期間が六年になったから二〇一八年まで大統領その後も続けるとなったら二〇二四年までずーっとプーチンよ！
うわあ…大長期政権だ
そしてこの二〇〇八年からプーチンは大きく変わる
彼は欧米との対決姿勢をあらわにしていくんだ！
二〇〇八年八月プーチンは北京五輪の開会式会場にいた

首相
なんだと!?
大統領は!?
メドベージェフは
何をしている!?
現在休暇中で…
今クレムリンに
向かっていると…
八月七日
旧ソ連国であるグルジアは
自治州南オセチアの独立を
阻止すべく突如
攻撃を開始した
プーチン・メドベージェフ不在の
間隙を突く電撃作戦だった

我が軍の主力を
コドリ渓谷に
展開しました
うむ
追撃の手を
ゆるめるな
グルジア軍がロシア駐留部隊と
衝突したことでロシアもただちに
軍事介入した
遅くなった
戦況を教えて
くれ
首相
おそらくこのまま
いけばポティは
取れるかと
うむ
NATOの動きは
どうだ？
静観して
います

この戦争の意味は二つある
ひとつは旧ソ連諸国への警告だ
警告?

ラトビア
リトアニア
ロシア
ポーランド
チェコ
スロバキア
ハンガリー
ウクライナ
スロベニア
ルーマニア
グルジア
ブルガリア
黒海
二〇〇〇年代に入りかつての旧ソ連諸国がNATO加盟に動き出した

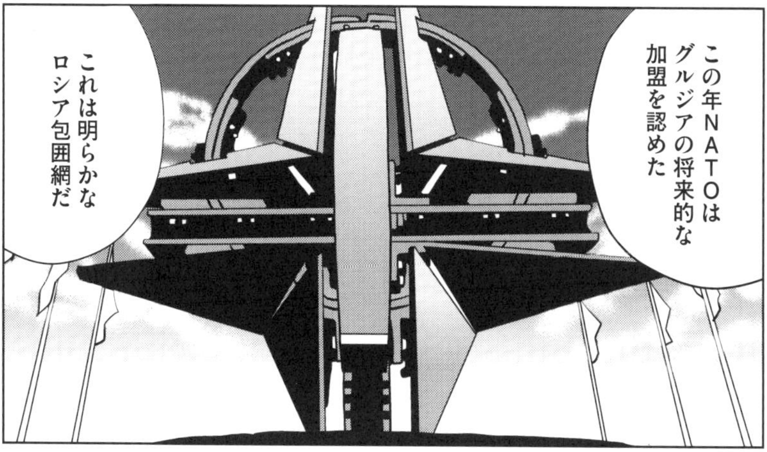
この年NATOはグルジアの将来的な加盟を認めた
これは明らかなロシア包囲網だ

ロシアが将来の加盟国のグルジアを攻めてもNATOが動かないとなれば
NATOに加盟してもアメリカは君らを守る気はないぞということを旧ソ諸国に明確に示すことができる
でもそれって…もしNATOが介入してロシアと衝突なんてことになったら第三次世界大戦が始まるってこと?
そういうことね
あっぶないな賭けだなー
そしてもうひとつはロシアが軍事作戦を行ったときの国連と欧米の動きをつぶさに分析することだ
つまりアメリカNATO国連がどの部分で協調しあるいは協調しないのか

首相
フランスのサルコジが
停戦の仲介のために
動き回っている
ようですが
ふむ…
いいだろう
サルコジに
花を持たせて
やれ
諸君！これで
はっきりした
アメリカは
核を持たない国
には嬉々として
「人道的介入」を
行なうが
核保有国である
このロシアには
口先ばかり非難
するだけで
なにも仕掛けて
来ない
アメリカにいつまでも
冷戦の勝者などと
勘違いさせてはならない！
我々は大国として復活した
ことを知らしめてやるのだ！

どうして急にプーチンは欧米と対決姿勢に？
ふむ…もちろん彼の真意は彼にしかわからないが
私の見る限り堪忍袋の緒が切れたというところかね
堪忍袋？
アメリカがテロとの戦争を宣言したときロシアはすでにイスラム過激派と戦っていた
しかしアメリカはチェチェン紛争をあくまでもロシアの国内問題だという見方を崩さず時には非難さえする
一方で彼らは自国がテロ攻撃されるや世界中を巻き込んで大騒ぎだ！
そもそも南オセチアが急に独立へと動き出したのは前年に独立宣言したコソボの影響がある
ルーマニア
セルビア
ボスニア・ヘルツェゴビナ
モンテネグロ
コソボ
アルバニア
マケドニア
しかしコソボ独立はセルビアと国連を無視して欧米が独自に承認したもので明らかに国際法違反だ

プーチンはこう
考えたに違いない
アフガン戦争のときも
我々は最大限に譲歩した
それまで敵だった
西側諸国とも
交流を重ねた
冷戦が終わったら
我々は西側に兄弟同然に
迎えられると思っていた
だが彼らはロシアに
歩み寄ろうとしない
ばかりかロシア包囲網を
狭めて来ている
ワルシャワ条約機構は
すでに消滅したというのに
いったいアメリカは
誰と戦うつもりだというのか
彼らはいまだに
このロシアを脅威として
見ているのだ
いいだろう
そっちがその気なら
期待に応えてやろうじゃ
ないか

プーチンは二〇〇〇年代後半から率直なアメリカ批判を頻繁に語っている
まあロシア人としては彼の言うことは共感する部分も多いがね
それに西側への莫大な借金という足かせが取れたってのも大きいでしょ
うむ それはある
だいたいユコス乗っ取りもああでもしなければアメリカに売却されるところだったんだ
パパはプーチンの肩を持ちすぎ！
ユコス乗っ取りは完全にマフィアの手口じゃない！
だがそのおかげでロシアの資源が海外に流出するのを防げたのは事実だ！

今のおまえの豊かな生活もプーチンが経済を立て直したからだ
でも自由な言論はないわ！
あたしなら自由のない豊かな生活よりも貧しくても自由のある生活を選ぶ！
なにを青臭いことを
マモルあたし青臭い？
うーん
すまないね君たち
ううん！若い人が真剣に考える姿は大好き！
ところでプーチンが起こした戦争といえばやっぱり…
うむ二〇一四年のクリミア侵攻だ

二〇一四年二月十八日
ウクライナの首都キエフで
反政府デモ隊による
抗議活動が巻き起こった
ВОБОДА
СВ
ウクライナのEU加盟を
親ロ派のヤヌコヴィッチ政権が
突如撤回したためである
しかしデモは過激化し
鎮圧部隊と衝突
多数の死傷者が出る事態になった

二月二十一日
この事件でヤヌコヴィッチ政権は
追いつめられ大統領選を前倒し
することなどを約束した
しかし極右勢力が
大統領の即時辞任を
要求し官邸に詰めかけると
ヤヌコヴィッチはすでに
海外へ逃亡していた
ロシア
その結果樹立された暫定政権に
ロシア系住民が六割を占める
クリミア自治共和国が反発
自警団やウクライナの親ロシア派勢力が
バリケードを築いて抵抗した
ウクライナ
クリミア半島
黒海

二月二十七日
クリミア各地に国籍を隠した
よく訓練された謎の武装集団が
出現し重要施設を次々と
占拠していった
AIRLINES
彼ら覆面の武装集団は
政府庁舎を占拠すると
ロシア国旗を掲げた

こうしてロシアはわずか半日で一発の銃弾を撃つこともなくクリミアを占拠した
事の是非はともかく
お見事!
すげー
そしてクリミアは三月十一日独立を宣言
その一週間後プーチンはクリミア併合を宣言
クリミアの住民はこの決定を圧倒的な支持で迎えた

クリミアの人々はロシアに併合されることを喜んだんですね
まあ元々そこはロシアの土地だったのをソ連時代にフルシチョフがウクライナに移譲したんだ
プーチンは固有の領土を取り返したにすぎないと言っている
確かに歴史的にクリミアはロシアのものよ！あたしもそれに異論はないわ！
だからといって許される話じゃないわ！これは他国の領土を武力で制圧して奪い取った侵略戦争よ！国際法違反もはなはだしいわ！
プーチンの言い分だと先に国際法を無視したのは欧米だろってことね
コソボ独立の承認問題だね

アメリカは傲慢だとはあたしも思う！
でも彼らはコソボを自国の領土にしたわけじゃない！
クリミアが自発的にロシアに戻りたいならプーチンはウクライナと対話と外交努力で解決すべきだったの！
確かにそれはおまえの言うとおりだファーニャ
私が思うにこの作戦はヤヌコヴィッチ政権があっという間に崩壊してしまったのであわてて実行したのが真相だと思う
というと？
ウクライナで反体制派が政権に求めていたのはなんだった？
EU加盟でしょ？でも政権がそれをやめるって言い出したから民衆が怒った
ああ…でもEU加盟するってことはNATOにもいずれ加盟するってことね

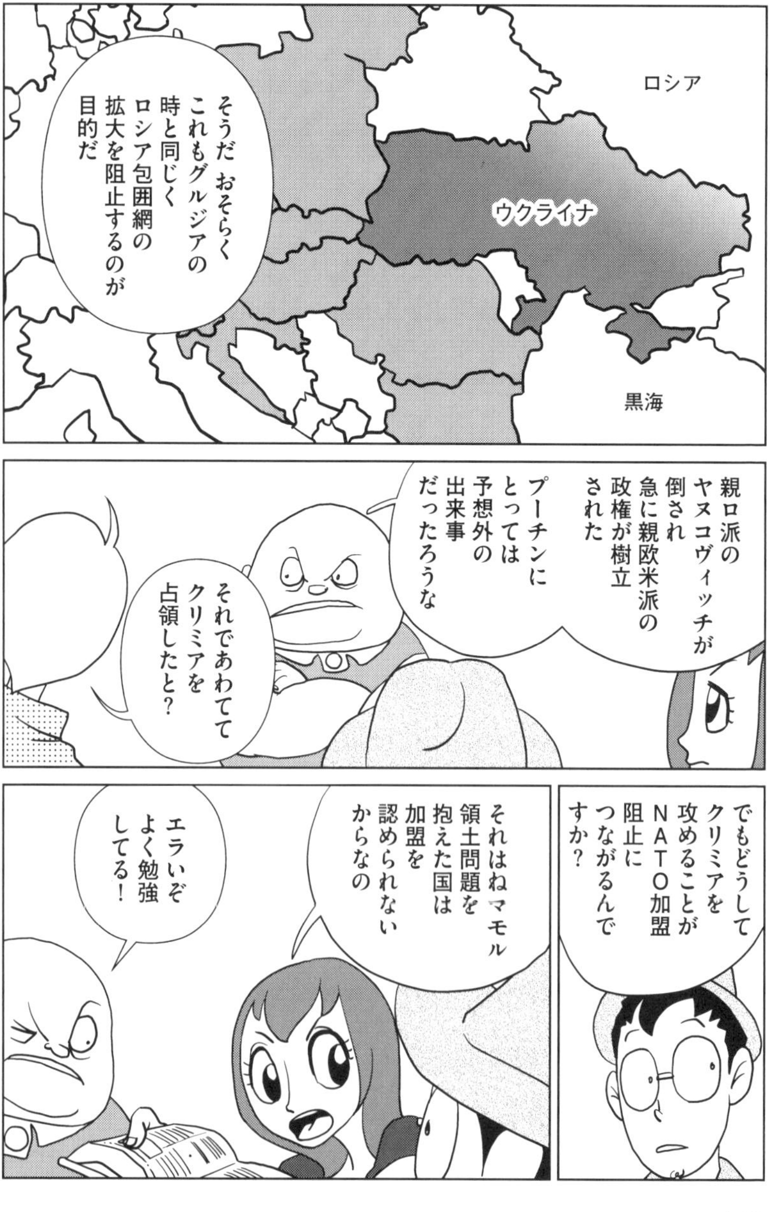
ロシア
ウクライナ
黒海
そうだ おそらくこれもグルジアの時と同じくロシア包囲網の拡大を阻止するのが目的だ
親ロ派のヤヌコヴィッチが倒され急に親欧米派の政権が樹立された
プーチンにとっては予想外の出来事だったろうな
それであわててクリミアを占領したと？
でもどうしてクリミアを攻めることがNATO加盟阻止につながるんですか？
それはねマモル領土問題を抱えた国は加盟を認められないからなの
エライぞよく勉強してる！

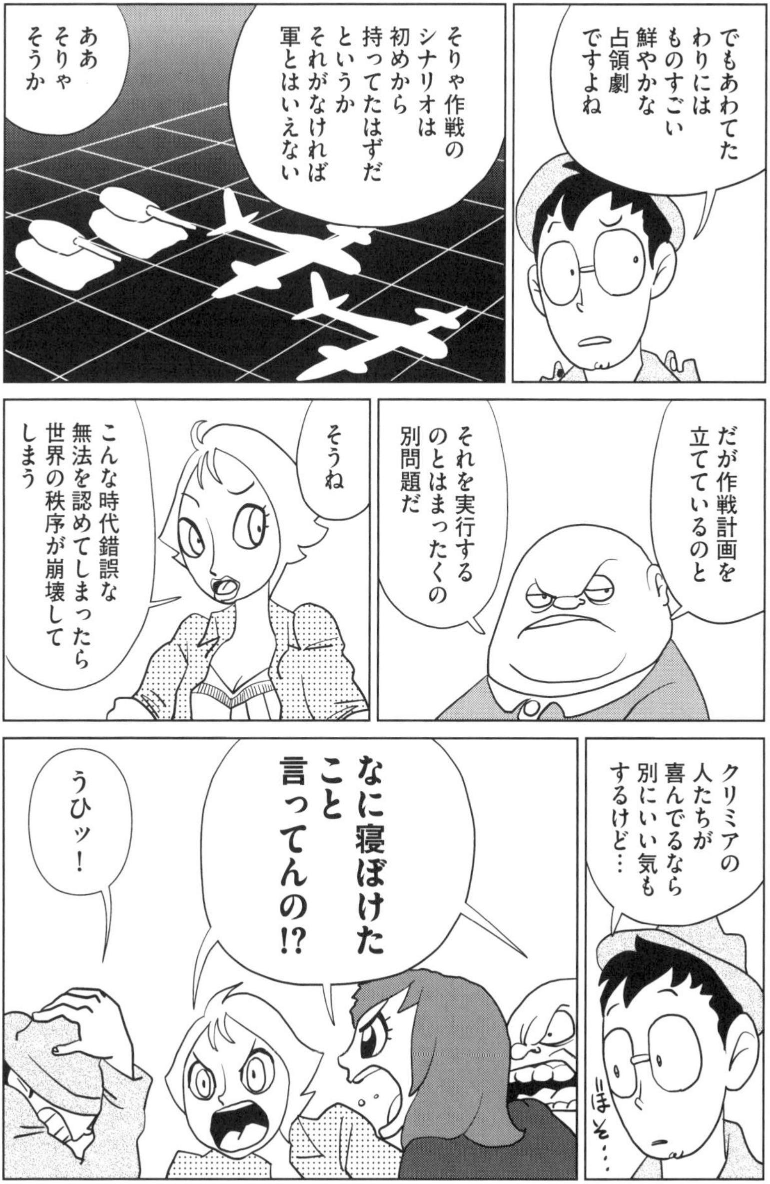
でもあわてたわりにはものすごい鮮やかな占領劇ですよね
そりゃ作戦のシナリオは初めから持ってたはずだというかそれがなければ軍とはいえない
ああそりゃそうか
だが作戦計画を立てているのと
それを実行するのとはまったくの別問題だ
そうね
こんな時代錯誤な無法を認めてしまったら世界の秩序が崩壊してしまう
クリミアの人たちが喜んでるなら別にいい気もするけど…
ぼそ…
なに寝ぼけたこと言ってんの!?
うひッ!

いい!? 世界中どの国も 領土問題を 抱えてるの！ 日本だって そうでしょ!?
はい
君たちの国は 固有の領土だと 主張して 北方領土を武力で 分捕るのか!?
ああ… いいえ
ロシアがやっていいなら うちもーなんて言って 中国が尖閣諸島を 武力で占領して そこの住民が仮に それを喜んでたとして オッケーよかったね って言えるの!?
いえ… 言わない です 無人島 だけど…
そんな野蛮なことは この二十一世紀に 起こっちゃ いけないの！
それをプーチンは やっちゃったわけ！ 住民が望んでるから いいって話じゃ ないの！

はい…まったく皆さんのおっしゃるとおりです…お恥ずかしい
だいたいプーチンのこの野蛮な非道にNATO加盟阻止なんてもっともらしい意図なんてないわ！
ほうそうかね
彼は侵略ゲームがしたかっただけよ！
いい!? プーチンが大統領になってからこの国は歴史上かつてないほどお金持ちになったの！
オリガルヒ達から強盗同然に奪い取った石油やガスのおかげでね！
経済成長率
10.05
7.25
7.15
5.09
4.74
6.39
1.38
-5.35
わかる!? 彼はただの石油成金で急につかんだ巨大な権力を使いたくて使いたくてしかたないの！ただそれだけよ！

うーん… あたしもプーチンには批判的だけど
彼はクレバーな男よ さすがにそんな感情的な話ではないと思うわ
でもやはりこの侵略戦争でプーチンが失ったものは大きいわ G8からも除外され経済制裁も加えられた
そうまでしてクリミアを併合した戦略的意義がよくわからないの
たしかに君のいうとおり これがもしもクリミアの独立承認で留めておけば NATO加盟も阻止出来るし あるいはG8からの除外も避けられたかもしれない
今どき わざわざ他国の領土を武力で侵略するなんてデメリットだらけだ
私が彼が変わったというのはそこなんだ
彼は第一期・第二期の頃は多少荒っぽくても愛国者としてロシアを救うためにあらゆる政策を打ち出し それは結果的にロシアを救った
プーチンは無私の働きをしたといってもいい

しかし二〇一二年再び大統領になってからの彼は国家主義者の負の側面が色濃く出ているように見える
彼は言論の自由を規制し政敵となりそうなものはあらゆる手段で排除してきた
そして国際社会をあえて挑発するかのような二つの戦争
今や無私どころかエゴむき出しになっている
もはやこの国でプーチンに意見するものは誰もいない

もうこの国は全体主義の一歩手前まで来ている気がする…
当然だわ！国家主義者の行き着く先は全体主義国家しかないもの！
侵略戦争はさすがに擁護できないもんな
そうよ！プーチンなんてもううんざり！
この国には革命が必要なのよ！打倒プーチン!!
おー
こら！
戦争の話してたら気が重くなってしまった酒でも飲もうじゃないか
さんせーい
ファーニャは将来何になりたいの？
ジャーナリスト目指してるの！

いいじゃん！ドイツ来る？ウチの会社紹介したげるわ！
ほんと!?
おいおいあんまりけしかけないでくれよ
日本にもおいでよ！
いやー
しかしさすがにウォッカは効くなー
big mouth
おいウツミ！マンガにするときは私はハリソンフォードみたいに描いてくれ！
そりゃムリだーおじさんジャバザハットにしか見えないすよ
これでロシアでの取材は終了明日はパリだ！
いい!?すっごい秘密教えたげる！プーチンはほんとはラスプーチンなの！
彼は魔界転生して現代に甦ったの！髪の毛以外！
うけるー
モナリザだと思ってたー

プーチンの国家

パリ!
ステキー!
あたしパリ初めて!
元気だなー
みんなで
撮ろうよ!
スイーール!
ハラショーー
インスタに
上げとくね
顔むくんで
るのにーー
上も下も
ヤバイ…

ぼくらの取材に夏休み中のファーニャもついてきた
ステキー
今日取材するゲボルクヤンさんは彼女の憧れのジャーナリストなのだそうだ
ゲボルクヤンはフランスを拠点に活動しているフリージャーナリストでプーチンのインタビュー集を作った人物だ
FIRST PERSON
RUSSIA S PRESIDENT
VLADIMIR
プーチンのこれほどまとまったインタビューは後にも先にもこれしかない
はじめまして!
ようこそパリへ!

あらら ずいぶん若い 記者さんね
ゲボルクヤンさん 弟子にして ください！
彼女 あなたの ファン なんです
へー 変わってる！
ウエイター
とにかく コーヒーでも 飲んで
ぼくは 緑茶 飲みたい なー
あたし ピクルス 食べたい
ゲボルクヤンさんは 大統領になる直前の プーチンをインタビュー したんですね
ナタリアで いいわ
そう！ 彼の選挙対策の アピール本に協力 したってわけ！ いまいましいことにね

ナタリアは反プーチンなのね
そもそもKGBがキライなのよ
あたしもー
初めて会った時のプーチンはどんな印象でした？
そうね…すごく意外だった
意外？
だって…おしゃべり好きだったし
ユーモアにもあふれてて…あんなKGBに会ったのは初めてよ
二〇〇〇年の初め私は上司の命令でプーチンの宣伝本を作ることになったの
彼はそのとき大統領代行で三月の大統領選までに出版しなければならなかった
プーチンのインタビュー集を作るだって？
そうよ！短期間で本を出版するにはそれが一番だわ

本の作成を打診してきたのは
エリツィンファミリーの重鎮
ユマシェフ
うーん…
しかしな…
そんなに
問題のある
男なの？
そのプーチンって
いや…
そういうわけじゃ
ないいんだが…
おいボロジン
プーチンは
ちゃんと喋れる
ヤツなのか？
ええまあ…
ふーん
ちゃんとインタビューに
答える能力が
あるかどうかすら
知らないなんて
よっぽど
急ごしらえの
操り人形なのね

とにかくこうして
彼のインタビュー集が
作られることになった
よろしく
みなさん
お手柔らかに
頼みますよ
インタビューを
行ったのは私と
友人のジャーナリスト
コレスニコフ
そしてエリツィンの
広報スタッフ
チマコワだ
プーチンがとても能弁な
人物であることに誰もが皆
驚いた
こちらがどんな質問をしても
率直に答えている印象だった

あたしも今回読ませてもらったけどとても素晴らしい仕事だわ！
ありがとアルマ！
現在のプーチンと当時の彼とではなにか印象は変わりました？
そうね…当時の彼からはリベラルな印象を受けたわ
例えば彼はこんなことを言っていた
あなたはソ連が東欧に対して行って来た軍事介入についてどう評価しますか？
一九五六年のハンガリー動乱や六八年のチェコ事件などだね
率直に言ってそれらの事件はソ連の犯した大きな過ちだ
ロシアが今東欧諸国から憎悪を向けられるのは当然の結果だ

わお！
とてもクリミアを
侵略したヤツの
セリフとは
思えない！
もちろんこの答えが
本心だったかは
わからない
なにしろこの時の
彼は国内のリベラル派
にもアピールしなきゃ
いけなかったんだし
他にも現在から見ると
意外なことも
言っていた
あなたは
ドイツのコール前首相を
尊敬していると
聞きました
ああ
彼は有能な
政治家だ
現在の彼の
苦境をどう
思われますか？
コールは東西統一ドイツの
初代首相を務め
ヨーロッパ統合でも
指導力を発揮した
名宰相だ
しかし当時
十六年におよぶ
長期政権から退陣した直後
彼は闇献金疑惑の容疑で
検察から捜査を受けるなど
国内の評判を落としていた

もちろん それは 知っている
どんな指導者だって スキャンダルの一つや二つは あるものさ
だがまあ つまるところ 原因は一つだよ
というと？
ドイツ人は十六年の長期政権に 飽き飽きしたんだよ コールはもううんざりってね！
長期政権には もううんざり？
それはこっちの セリフよ！
プーチンは 一度脳を 検査する べきね！
ハハハ ほんとね！
彼は今 自分が長期政権を 作っていることを どう感じているかしら？
きっと当然だと思ってる でしょうね！
彼は最初の任期のときに 自信を付けたんだと思う 国民は自分の仕事を ずっと支持してくれるって

ところが二〇一二年彼が再び大統領に復帰しようとしたとき
モスクワで大規模な反プーチンのデモが巻き起こった
彼はこのとき
本当にショックを受けたんじゃないかな？
国のためにこんなに尽くしている自分を
国民が拒否するなんて想像もしていなかった
あたしもそう思う！だって選挙に勝ったときプーチンが涙を流したってニュースになったもの！
へー
…あたしが思うに
プーチンはこのとき国家主義者の〝負〟のスイッチが入ったんだと思う

国家主義者のスイッチ？
プーチンはマルコヴィッチさんやナルソワさんが言ってたように最初の時と今ではまるで別人だわ
うーん
うん
彼のミレニアムメッセージにこうあるわ
「ロシア人にとって強力な国家とは……立ち向かうべき敵ではない」
ふむなるほど
誰よりも国家を愛する彼はすでにロシアと自分を同一視してるのよ
その自分に歯向かうことはロシアに歯向かうことと同義そして彼は民衆を憎悪した

それにプーチンは
なによりも
民衆の力を恐れて
いるはずよ
ドレスデン
だね
そう！
あのとき彼は
民衆の怒りが国を
消滅させるほどの
力を持つことを
その身で実感したはず
クリミアを併合する
なんて過剰反応も
ウクライナの民衆運動を
恐れたあまりの措置
なのかもしれない

その民衆の怒りが
このロシアで
自分に向けられている
ことに彼は恐怖した
そしてそれらは
アメリカの陰謀だと
思おうとした
二〇一二年から彼は顕著に
アメリカと対決姿勢になり
全体主義的になった
うーん…
たしかにそれは
ひとつの見方
だけど私は
そうは思わない
彼は最初から
全体主義的だったわ
リベラルな言葉とは
裏腹にね
ファーニャ
ロシアのテレビで
プーチン批判を
聞いたことある?
テレビで?
そんなこと
革命でも起こらなきゃ
ありえない!

革命？
ハハハ
そうよね！
でも私が彼に
インタビューした頃
ロシアでもテレビは
自由な報道を
してたのよ
例えばチェチェン紛争よ
エリツィンの時は
この戦争で支持率を
下げたのに
プーチンの時は全く逆に
彼の支持率を上げた
それはなぜ？
第一次紛争の時は
テレビで批判的な
報道をしてたのね
そう！
特にNTVが
がんばってた！
若いロシア兵が
無惨に殺される
映像なんか
ばんばん流してた
徴兵適齢期の
子供を持つ親達は
こぞってエリツィンの
戦争を批判したわ

でもプーチンが大統領になってすぐにガスプロムがNTVを買収したの
おかげでテレビで流れるチェチェン関連のニュースはプーチンの勇ましい言動ばかり
ガスプロムといえば
プーチンとそのおトモダチが乗っ取った企業よ
プーチンはメディアも乗っ取ってたのか
マフィアよ
国家主義者は必ずメディアを規制したがるわ
自由な言論は常に反権力にならざるを得ないから
うちの国はメディアから進んで規制されますけどね
日本のメディア人は権力者からお鮨をおごってもらったらおとなしくなるの
なにそれ？ほんとにジャーナリスト？
いいなー本場のスシ
まともかく彼がいつから全体主義的だったかはともかく
彼が国民を恐れていることは事実だと思う

恐れてるですって？
違うわ！彼は民衆をバカにしてるのよ！特にあの「国民との対話」！吐き気がする！
ああ
あれね
「国民との対話」？
私たちをナメてんのかって話！
「国民との対話」とはプーチンが国民から寄せられた質問や陳情にその場で答え
時には問題をその場で解決もするというテレビやSNSでライブ配信される毎年恒例のイベントである
問題をその場で解決？
完全にヤラセよ！
へー
例えば？

例えばこんなことがあったわ
あるイナカの村のおばあちゃんがうちの村には水道が引いてないなんとかして欲しいと涙ながらに訴えるの
それを聞いたプーチンは怖い顔して
責任者は誰だ？
と側近に耳打ちするとあーらフシギ！十日後にはその村にめでたく水道が通っちゃう！
なんで先進国でお金もいっぱい持ってるはずの国で水道が引いてない村があるんだよ！そっちの方が問題だろ！ってツッコミは一切ナシ！
他にも一ヶ月も無給の工場で働く労働者の訴えを即座に解決したり！
そもそもなんでそんなブラック企業がテレビ中継に応じるのかって話よ！
あはは水戸黄門だね

笑い事じゃない
はい
あのね！こんなバカみたいな事例が毎年あるのよ！おかしいでしょ!?
こんなことが毎年起こる国を先進国なんて言わないわ！
うん たしかに
でもその番組を観てる国民はスカッとするわけ
やっぱりプーチンは頼れるヤツだ！あいつに任せればなんでも解決してくれるってね！
でもほんとに難しい国際問題とか経済問題の質問は出て来ないもんね
そう！プーチンが答えやすい質問ばかり！
プーチンはこんなヤラセで国民をコントロールできる気でいるのよ!? バカにしてる！

でもファーニャ民衆をバカにした扱いをすることと恐れることは表裏一体なのよ
民衆を恐れる権力者は民衆には常に愚かなままでいて欲しいの

ロシアに限らず国家を自分の思い通りに動かしたがる権力者は常にそうやってメディアを管理下においてプロパガンダに利用するの
それはかつてファシズムに支配された日本やドイツでもあったし

リベラルの代表みたいな顔してるアメリカだって
アフガン戦争やイラク戦争の時は権力批判の言論は規制された
アフガン戦争に1対420で反対したバーバラ・リー議員
ロシアはまたソ連みたいな国になるのかな?
そういえば
プーチンが提唱してる「ユーラシア連合」ってソ連の復活だっていう識者もいるみたいだけど…
なんだいそれユ連?
あなたほんとになにも知らないのね!
ユーラシア連合とはロシアを中心に旧ソ諸国がEUのような統一経済圏を形成し将来的にEUとも連結しリスボンからウラジオストクまで経済圏を広げようと提案する構想
二〇一一年に大統領に復帰する直前のプーチンが発表した

旧ソ諸国の共同体って…
まんまソ連じゃん
あくまで経済共同体よ イデオロギーの共同体ではないわ
公平に見てプーチンはソ連を復活させる気はない 彼は共産主義者ではないもの！
まあソ連の復活だなんて騒いでるのはアメリカだしね
アメリカってほんとにロシアがキライなのねー
まさかロシアが再び大国になるなんて夢にも思わなかったんでしょうね
ソ連を復活させる気がないならプーチンはいったいロシアをどんな国にしたいの？
だって明らかに民主主義の国ではないもの

……そうね プーチンが作りたいのは
「強い国家」よ
彼はミレニアムメッセージでこう述べた
ロシア人にとって国家は立ち向かうべき敵ではない
その逆に強力な国家は秩序を保障する源でありあらゆる変革を開始する原動力である
社会は国家の指導力や統率力の回復を望んでいる
プーチンはその力のある国家《ゴスダルストヴォ》を取り戻すと誓った

共産主義国家でもなく
民族主義国家でもない
もちろん民主主義国家
でもない
強い国家であれば
よい……
でも…
「強い国家」って
どういう国のことを
言うんだ？
それは
歴史・文化・
アイデンティティ
経済・軍事
全ての面で自立し
利益を主張できる
国家のこと
それがプーチンの
定義する
「主権国家」よ
なるほど
その定義でいうと
世界に「主権国家」は
ロシア・アメリカ・
中国しか存在しない
ってことになるわね
世界に「国家」は
三つだけ…
あとは属国
ってわけか…

でもその三つの国のうち最も危険なのはロシアね
え？それはまたどうして
他の二国は政権交代のシステムがきちんと機能してるもの
もちろんそれぞれ問題は抱えてるわ
アメリカのシステムは長期政権を阻む代わりにトランプなんてマンガみたいな大統領を生み出してしまうし
中国だって決して民衆が選んだ指導者ではないけどそれでも党内の選抜システムで選ばれている
アメリカも中国も定められたルールに則って一定期間を経たら指導者が必ず交代する長期政権が腐敗することを両国ともわかっているからよ
でもロシアではエリツィンからプーチンにバトンタッチして以来大統領選挙は形ばかりで政権交代が一度も行なわれていない

言われてみれば確かに…
正常な国は必ず後継者を育てるシステムを持ってるわ
でも独裁国家は逆！独裁者は自分の立場を脅かすものはすべて排除していく
事実プーチン政権の批判者の暗殺は後を絶たないものね
リトビネンコ
ネムツォフ
ボロネンコフ
ポリトコフスカヤ
有能な人材は国からいなくなりプーチンの周りにはイエスマンだけが残る…今のままではロシアはプーチンとともに滅ぶわ

プーチンのインタビュー集の取材のとき彼の国家観を知る上で興味深いエピソードを聞いたわ
彼がまだペテルブルクの渉外委員長だったとき
ソ連が崩壊した頃のことよ
委員長新しい肖像画が届きました
ああありがとう
それまで役所のオフィスにはレーニンの肖像画が飾られていたがソ連崩壊とともにみんな好きな絵と交換していた
ほとんどの者はエリツィンの写真にしていたがプーチンは違った

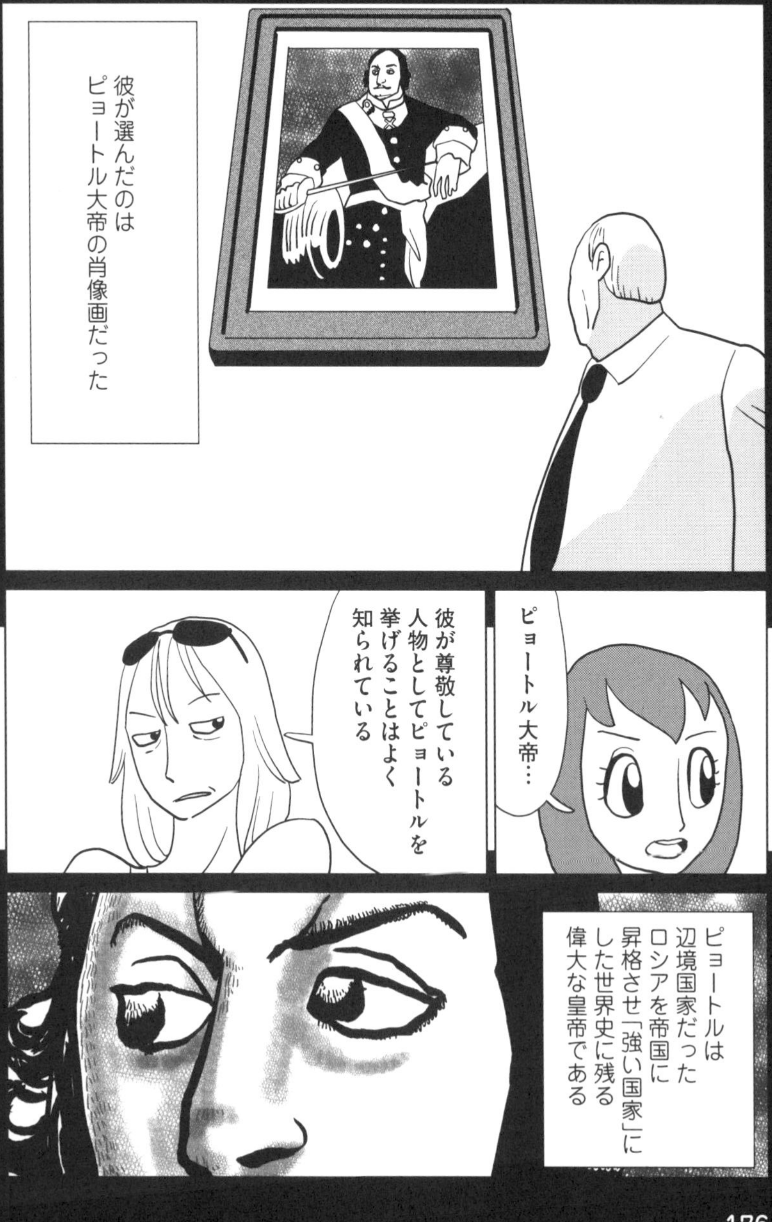
彼が選んだのは
ピョートル大帝の肖像画だった
ピョートル大帝…
彼が尊敬している
人物としてピョートルを
挙げることはよく
知られている
ピョートルは
辺境国家だった
ロシアを帝国に
昇格させ「強い国家」に
した世界史に残る
偉大な皇帝である

委員長
市長が呼んでいます
新しい絵が届いたんですね
あなたもエリツィンの絵を？
冗談だろ？
あんなタヌキ親父を部屋に飾るほどぼくは悪趣味じゃないぜ？
相変わらず口が悪いなぁ
ぼくは口が悪いんじゃない正直者だと言って欲しいね
元スパイがなに言ってるんですか

最後にゲボルクヤンさんはこう言った
ロシアはアメリカのように民主主義国家でもないしもちろん中国やかつてのソ連のような集団指導体制国家でもない
現代のロシアは個人崇拝の全体主義国家
それを歴史家は帝国と呼ぶ
プーチンは皇帝《ツァーリ》になりたいのだと

Zzz
♪♫♪
んが
編集長…今何時だと思ってるんですか
十一時だ！
知ってます？この世には時差というものが…
そんなものはオレの辞書には載ってねえ！おまえ明日戻って来たらすぐにナゴシさんの取材行け！
ええ!?ちょっとは休ませてくださいよ
なに寝ぼけたことを…
編集長マンガ家からプロットが上がって来ました
おう！
……!!
バカヤロウ！誰がプーチンとメドベージェフのBLなんか読みたがるんだ！別のマンガ家探せ！暗殺されるわ!!
くかー

北方領土・シリア

なんであたしまで来なくちゃならないのよ！
北方領土はあなたたち日本人の問題でしょ!?
乗りかかった船だろ？最後まで付き合えよ
弾丸ツアーで帰って来てすぐに取材なんて……
うちはいつもこんな感じだよ
コンコン
どうぞ
ナゴシさん今日はよろしくお願いします！
こちらこそ！

取材先のみんなは元気だったかい？
ええとても！
まさか元KGBまで紹介していただけるなんて！
すげーだろ元時事通信社記者の取材力
今日は北方領土についてだよね
ドボドボ
ええ……あのナゴシさんこのどぎつい緑色の液体はいったい…
タルフンだ！毎月ロシアからお取り寄せしてんだうまいぞー
しかし北方領土問題といってもなにから話せばいいかね？
ドボドボ
そうですね…細かな交渉の内容などはさすがに残りのページ数ではフォローできないので
プーチンとの関わりに絞ってお話を
はみがき粉みたい

アルマはどれくらい知識ある？
なーんにも
北海道の近く？
そっか！
それじゃ基本的なことをまず確認しよう！
北方領土は北海道根室半島の沖合に位置する島々のことだ
太平洋戦争終結直前ソ連は日ソ中立条約を破棄し北方領土を占領した
択捉島
国後島
色丹島
歯舞群島

日本はその四島の返還を求めているわけね
そうだね そしてその後に日露平和条約を締結すれば
日本とソ連――ロシアの戦争は公式に終わる
少し調べてみたんですが返還交渉は戦後すぐに始まったんですよね？
うん
だが日本は北方領土の交渉については失敗続きだ
アルマさんが今言ったように・・日本は四島の返還を求めている
しかしプーチンは・・二島譲渡で決着をつけようとしている
四島か二島
そう！それが交渉をよりこじらせているんだ！

なぜ「四島か二島」なのか
その淵源は'51年の
サンフランシスコ講和条約に
さかのぼる
このとき日本は
樺太と千島列島を
放棄した
そしてその千島列島に
国後・択捉も含まれると
説明してしまったんだ
つまり
国後・択捉を
放棄すると
自ら言ったと
同じ
ふーむ
'56年　日ソ共同宣言では
ソ連側は歯舞・色丹を平和条約
締結後に引き渡すとした
日本側はいったん二島で
手を打とうとしたが結局
四島を要求し
この時は領土問題は決着
しなかった

日本人特有の
あいまいさが裏目に
出たのね
でもこの時は戦後すぐだし
きっと混乱してたんだよ
そうかも知れないけど
政治家がそれを言っては
おしまいよ
自らの言動に命をかけて
くれないと！
さてその後米ソ冷戦時代になると
日ソ関係も冷え込み
北方領土交渉も停滞した
ゴルバチョフと海部
しかしゴルバチョフの
登場
エリツィンと橋本
そしてソ連の崩壊を機に
交渉は再び活発化する
しかし'98年に橋本
'99年にエリツィンが相次いで
退陣し交渉はまたストップ
してしまう

しかし二〇〇〇年
プーチンの出現によって
再び交渉は動き始めた
大統領
わざわざイルクーツクで
お会いしていただき
一緒に親父の墓参りまで…
ほんとになんと礼を述べて
いいか…
日ソ友好に尽力された
先人に当然の敬意を
表したまでです
親父に今日の
会談の成功を
見守ってもらう
よう頼んで
おきましたよ！
それは私も同じ
気持ちです！
日本とは一日でも
早く平和条約を
結びたい！
ま結論から言うと
このときの会談では
なんの成果も
なかったわけだが
とにかくプーチンも
北方領土交渉に
応じる気があることは
確認できたわけだ

ただエリツィンの時と違ってプーチンは'56年の日ソ共同宣言を持ち出して日本へ譲渡するのは二島だと言って来たんだ
あの共同宣言をどう読んでも日本に譲渡するのは二島しかないと言ってね
でも少なくとも二島返還については前向きなわけですよね
日本に二島を返すのは義務だと言ったそうだ
前向きだったはずなのになんでまた交渉がこじれるの？
そりゃ小泉のせいだ！
北方領土は四島全て我が国固有の領土です
二島のみ返還というのはとうてい受け入れられない！

小泉の言っている ことはもっともだと 思えるんですけど
いやそりゃ ぼくだって そう思うよ!
でもさ タイミングが 最悪だったんだ!
あのコイズミってのは 日本人のくせに 礼儀を知らんのか?
私が来年訪日 するというのに あんなことを言うとは 無礼なヤツだ!
あちゃー 訪日直前
それからプーチンは 強硬路線だ!
政治家の仕事は まずはなにがなんでも 相手を交渉の席に 座らせて少しでも 具体的な結果を 出すべきなんだ!
正論だからって 時機も考えずに 主張して物事が 解決するなら 今頃とっくに世界は 平和になってる!
ドボドボ

二〇一〇年十一月メドベージェフ大統領が国後を視察しロシアの領土であることを強くアピールした
ソ連時代を通じてロシアの最高指導者が北方領土を訪れるのはこれが初めてだ
まあ当然プーチンの意向だろうがな
恥をかかされたら徹底的にやり返すプーチンらしいわ
しかしまた日露の関係が良好になる
きっかけはあの東日本大震災だ

なんと…恐ろしい
日本政府から要請が来たらすぐに救助隊を出せるようにしておけ
はい
あの時は世界中から救助隊が来てくれたんだ
皮肉よね大災害のときだけ世界が優しくなるなんて……
とにかくこの時から日露関係は改善し領土交渉できる状態に戻った
二〇一二年プーチンは再び大統領となり日本では第二次安倍内閣が誕生

ところが二〇一四年
またまた
問題発生だ
二〇一四年
といえば
クリミア侵攻ね！
その通り！
ロシアのクリミア併合を受けて
欧米はロシアに対して
経済制裁を行なった
日本もこの動きに
追随し再び
日露関係はこじれた

やれやれ…うまく行きそうになると問題が発生…なんだか奇妙なパターンができてますね
まったくだ！
日本はソ連崩壊直後の弱体化したロシアの時に徹底的に攻勢をかけてカタをつけるべきだったんだ
この数年は安倍が何度かプーチンと交渉を重ねていますがどう見てます？
安倍はこれまでと違うアプローチに出ているようだ
自身の任期中に本気で北方領土問題を前進させようという気概は感じるね
違うアプローチというと？

安倍はこれまで領土交渉の壁となってきた四島の「帰属」の問題をいったん棚上げし
北方領土で両国による共同経済活動から始めようという戦略に出たんだ
つまり今までみたいに「島を返せ」ってばかり言ってたらロシアもうんざりするけど
今は彼らが最も欲している「お金の話」を前面に出したわけね
そういうことだね
しかし帰属を棚上げにしてしまうと金だけ取られて返還交渉をうやむやにされてしまう恐れは充分にある
実際プーチンは国後・択捉にミサイルを配備して強硬路線を軟化させる気配はない

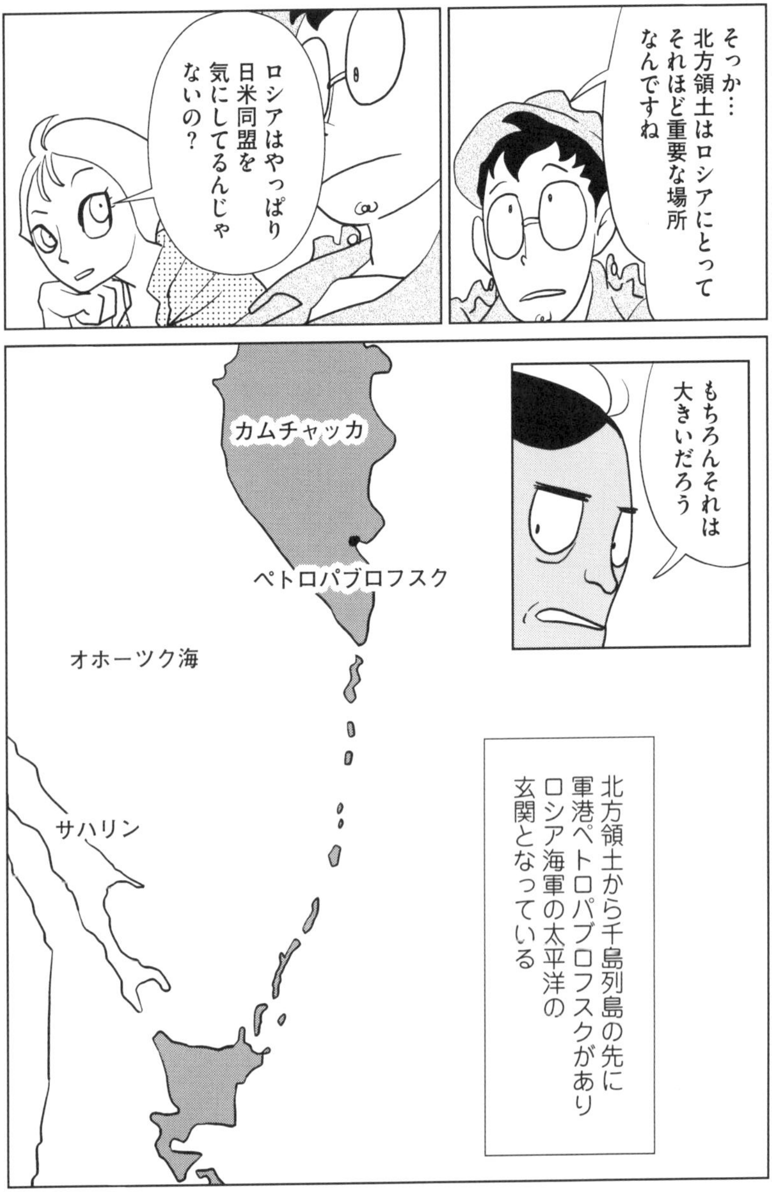
そっか…
北方領土はロシアにとって
それほど重要な場所
なんですね
ロシアはやっぱり
日米同盟を
気にしてるんじゃ
ないの？
もちろんそれは
大きいだろう
カムチャッカ
ペトロパブロフスク
オホーツク海
サハリン
北方領土から千島列島の先に
軍港ペトロパブロフスクがあり
ロシア海軍の太平洋の
玄関となっている

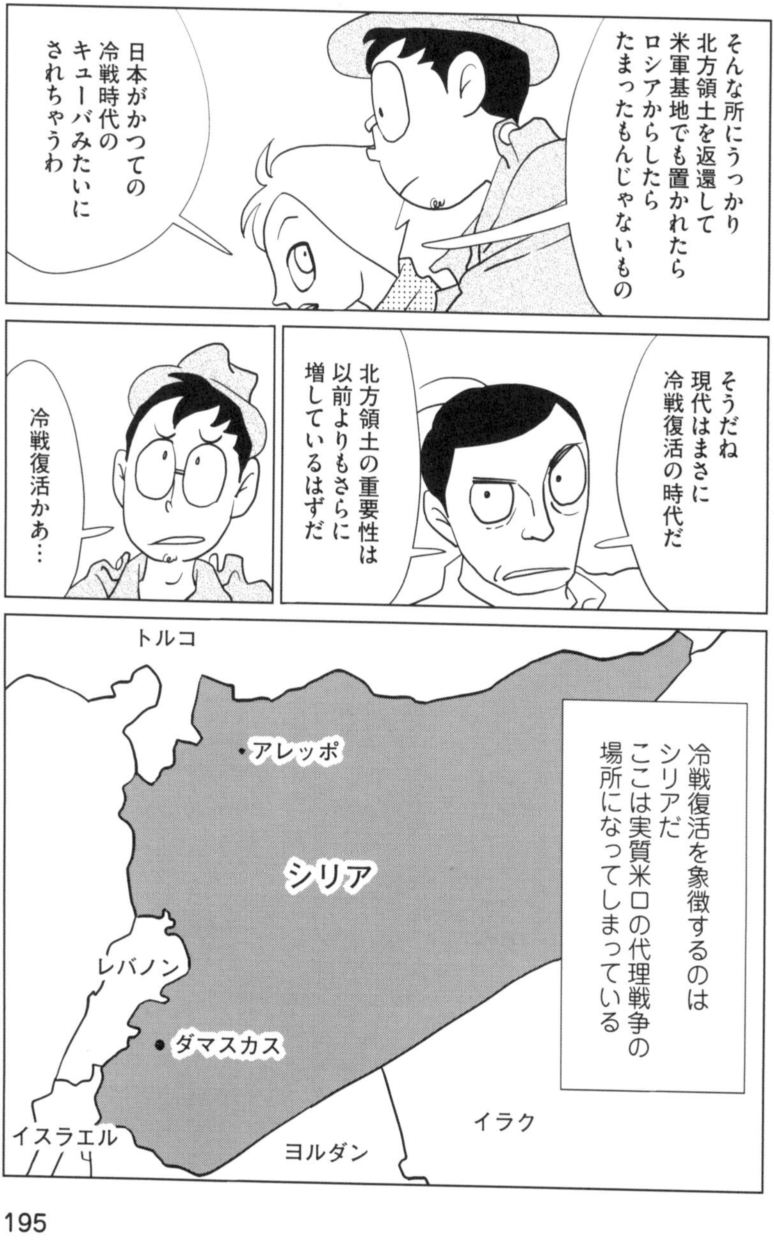
そんな所にうっかり北方領土を返還して米軍基地でも置かれたらロシアからしたらたまったもんじゃないもの
日本がかつての冷戦時代のキューバみたいにされちゃうわ
そうだね現代はまさに冷戦復活の時代だ
北方領土の重要性は以前よりもさらに増しているはずだ
冷戦復活かあ…
冷戦復活を象徴するのはシリアだ
ここは実質米ロの代理戦争の場所になってしまっている
トルコ
アレッポ
シリア
レバノン
ダマスカス
イスラエル
ヨルダン
イラク

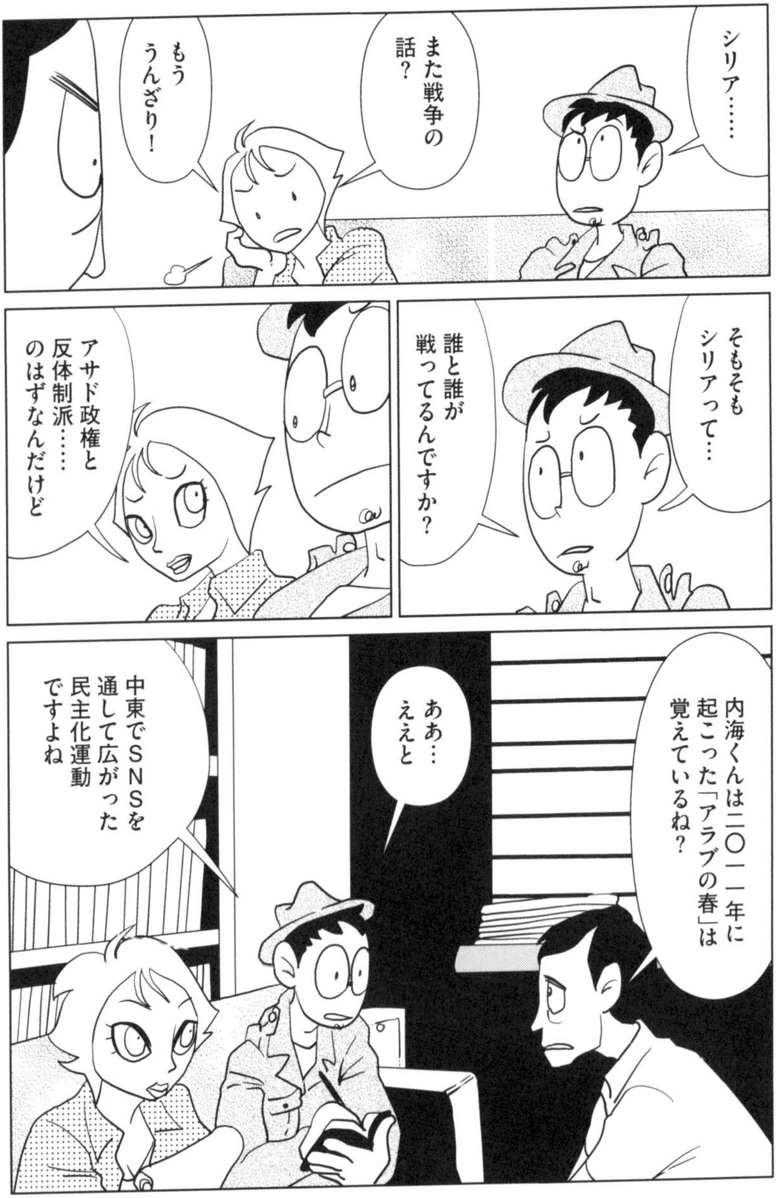
シリア……
また戦争の話？
もううんざり！
そもそもシリアって…
誰と誰が戦ってるんですか？
アサド政権と反体制派……のはずなんだけど
内海くんは二〇一一年に起こった「アラブの春」は覚えているね？
ああ…ええと
中東でSNSを通して広がった民主化運動ですよね

それは二〇一〇年に
チュニジアのジャスミン革命
から始まり
シリア
チュニジア
リビア
瞬く間にアラブ世界に波及した
前代未聞の民主化運動だった
シリアもその国のうちの
ひとつだったんだ
バッシャール・アル・アサド
シリアの民衆は
一九七〇年から続く
アサド家による
独裁政治の打倒を
目指した
しかし他の国と違って
アサド政権は軍によって
この運動を弾圧したんだ

軍の暴力に対抗する形で反体制派も武力闘争に転じた
こうしてシリアの「アラブの春」は内戦になった
しかしなぜ反体制派がこんなにも長く正規軍と戦い続けることができるのかわかるかい？
反アサドである欧米諸国が彼らに資金援助してるのね
そうだ そしてさらにタチの悪いことに世界中からイスラム過激派まで介入して来た 彼らにとってアサド政権は脱イスラムの「不義の輩」だからだ
そこから台頭して来たのがイスラム国——ISだ

プーチンは反体制派を援助する側？
違う　プーチンが介入したのは親ロ派であるアサド政権を守るためだ
グルジアやウクライナの再現ね…
もちろんロシアの軍事介入の名目はＩＳの殲滅だ
しかしアメリカはロシア軍が空爆した地域にはＩＳはいないとしてロシアを非難している
ＩＳがいないということは……
欧米が支援している反体制派を狙ったということね

なんだか敵味方がぐちゃぐちゃでよくわからないや…
はっきりしてるのは各国の思惑で戦争が長引き多くの人々が殺されてるってこと
うむ

まとにかく話を戻すとだ
ドボドボ
ああ…北方領土の話をしてたんでしたっけ

日本はロシアの空爆を非難するアメリカに真っ先に同調しそれに対しプーチンは不快感をあらわにした
シリア空爆の頃からプーチンは日本よりも中国との関係強化を重要視している

そういう流れの中で安倍はロシアに経済協力を申し出たわけですね
ロシアは今戦時下そして本当の敵は欧米特にアメリカ
北方領土を手放す時機としてはまずありえなさそうね
つまり日本は金だけ持っていかれる…
うーむそもそも日本って今お金はないはずだけどな…
だがとにかく交渉の窓口は常に開いておかなければならない
それにプーチン政権だっていつまでも続くとは限らないぞ
ロシアには反プーチンの新しい潮流も生まれつつあるわけだし
反プーチンの新しい潮流？

たとえばアレクセイナバリヌイだ
彼はロシアで大きな影響力を持つ元弁護士のブロガーだ
二〇一七年三月二十六日の反政府デモは彼がインターネットを通じて呼びかけたもので
ПРОТИВ СНОСА
ПРОТИВ СНОСА
НЕТ
若者を中心に約一万人が参加した
ファーニャも参加したやつね
このデモで政府が転覆することはないが
特徴的なのはそれまで政治とは無縁だった若者たちが声を上げたということだ

今は無力な若者たちだが…
そうね！やがて彼らも大人になる
これからのロシアを担う人々にこれだけ多く反プーチンの層がいるのは大きな意味があるわ！
それに大勢の人々を引きつけて組織化できる能力を持っているってことは
このナバリヌイはロシア人の望む強いリーダー像にあてはまるね
プーチンと違ってなんの権力もないんだからスゴいことよね
彼のスゴい所は人々を組織化するだけじゃない
彼はネットを駆使してなんとプーチン＝メドベージェフのタンデム政権を切り崩したんだ！
ええ!?どうやって

ナバリヌイは
メドベージェフが賄賂によって
得た資産で豪奢な生活を
送っている様子を撮影し
その動画をネットに
アップしたんだ
ОН ВАМ
НЕ ДИМОН
かつて大統領時代に
反汚職をスローガンに
掲げていた彼にとって
これはかなりの痛手だ
次の大統領選で
プーチンが再選しても
メドベージェフが
更迭されるのは
確実だろう
かなりの切れ者だね
このナバリヌイって
メドベージェフは
北方領土返還に
強硬に反対
していたんだ
彼の失脚は
日本にとっても
悪くないニュースだ

反プーチンの勢力としては元ユコス社長のホドルコフスキーもいるわ
あの脱税容疑で捕まった？
ええ彼は二〇一三年に釈放されてるの
今はスイスに亡命し講演を中心に活動しているみたい
ゲボルクヤンも彼を支援して一緒に本も出してるわ
彼が正式に大統領候補に名乗りを上げればかなり強力なライバルになり得ると思う
そっかーさすがのプーチンも次の大統領選は苦戦するかな？
彼らが暗殺されないことを祈るわ！
同感だね！

しかしまあ
政治レベルでは
なかなかうまく
いかないが
ロシア人は
日本人に
興味津々だ！
最も重要なのは
民間交流をもっともっと
大いにもりあげていくこと
だね！
ぼくも今回
取材して初めて
知りました
ロシア人が
あんなに親日的
だったなんて！
ほんとね
そうだろ？
なのに日本の企業は
中国や韓国に比べて
まるで出遅れてるんだ
あのヘンなスシ屋だって
たいていは中国資本か
韓国資本なんだぜ？
そりゃほんとに
日本企業が
入って欲しい
ですねー
そう？
あれはあれで
悪くなかったわ
この本だってロシア語に
翻訳して大々的にロシアで
売り出せばいいんだ！
売れるぞー
なんならぼくが翻訳
しようか？
いえ…
そんなことしたら
暗殺されちゃいます

やっと終わったね！
疲れたけど楽しかったー
北方領土の問題ってさ確かに両国の威信とか思惑とか絡んでややこしいんだろうけどせめて先祖のお墓がある人にはもっと自由に行き来できるようになってほしいね
そこは政治の話は置いといてさ
うんほんとそう思う
話を聞けば聞くほど北方領土返還の好機はエリツィン時代にあったんだ日本政府がうまく立ち回れなかったのが悔やまれるね
でもナゴシさんが言ってたみたいに交渉を続けることが大事よ！
プーチンの次に現れる政権が平和的なことを望むよ
いつになることやらだけど

エピローグ
味の助
ガラ
お！いたいた
マモルー
いらっしゃいませー
マンガ家さんに資料送っときましたよ
おう
マンガ家決まったの？
前にケインズの経済学をマンガにしたやつだ
ハイボール 550円
めにう
ナマ
ああ！あれなかなかおもしろかった！絵はイマイチだったけど

それじゃ取材の成功を祝って
かんぱーい
しっかしあれだなプーチンてなあ結局どういうやつなんだかよくわからねえ野郎だな
ボール
590円
たしかに
世に出回ってる情報のどこからどこまでが真実かもわからないしね！
だいたい政治のド素人がいきなり大統領になってここまで世界を引っ掻き回すなんてほんとにマンガみてえだ
でもぼくちょっと思ったんですよプーチンってなんだかナポレオンみたいだなあって

ナポレオン？
だってナポレオンもさ
無名の一兵士が
戦乱で名を上げ
国家の指導者になり
次々と新機軸を
打ち出して
でもやがて彼は皇帝を
名乗って侵略戦争を
始めたり…
なんか似てない？
たしかに似てる
かも！
あたしはプーチンって
豊臣秀吉みたい
だなって思って
たんだけど
あ
秀吉か！
なるほど
でしょ？
それを言ったら
オレは織田信長に
似てると思ったね
信長？
そうですか？
プーチンは百年後には
エンタテインメントに
欠かせない存在に
なってるぜ
断言したって
いいね！

あ！
そうかも
だろ？
プーチンなら
ヒーローとしても
悪役としても
描けるし
歴史ミステリでも
軍事スリラーでも
なんでもいける
信長だって
そうだろ？
そういや
そうかも
なあ
北京ダック
でもやだなー
プーチンの
美少女化
そっちかよ
日本人なら
やりかねない
わね
まあでも
百年後に人類が
第三次世界大戦で
滅びてなければの
話だけどね
うわー
しれっと
コワいこと
言った
でもよー
プーチンって
マジで
危ない挑発
してるんだな
ほんとそれは
思いました！
政治の駆け引きの
ためとか支持率アップ
のために戦争する
なんてやめてほしい
ですよ！
同感！
まあ戦争の
理由なんて
ほぼそれだけどな

ベルリンの壁が崩れたときオレはたしか高校生だったんだ
でその後ソ連が消滅して冷戦が終わって
これで世界は平和になってスパイ映画とかなくなるのか退屈だなーなんてマヌケなことを考えてた
ところがどうだ今また冷戦が復活しててしかも前よりも混沌としてやがる！
あれかね人間ってのは戦争してないと落ち着かないのかね？
たまに絶望的な気分になるぜ
退屈しなくてよかったじゃないすか
おまえは冷戦の恐ろしさを知らんからそんなことが言えるんだ
奥さんと冷戦中だもんねー
しかもなんだアメリカじゃあんなわけのわからん大統領まで出てきやがった
マジで世界は終わるのかね？
590円
トランプってロシアとは仲いいんじゃなかったっけ
ビミョー

知ってる？トランプが大統領になるって予言してた映画があるのよ
へー
BTTF《バック・トゥ・ザ・フューチャー》2な
しかし今回プーチンについて取材したおかげでこの国がどれほど危険な状態にあるかわかりましたよ
取材した人たちが何度も言ってたよね全体主義国家は必ずメディアを規制するって
日本は今まさにそうなってる
そうねー日本は欧米からだいぶ危険視されてるしね
ナチスは肯定するはメディアは規制するは国連の警告を無視して共謀罪を通しちゃうわ
まるで戦前の全体主義国家を目指してるみたいだわ

でも欧米だって自分たちの都合で国連を無視したりするだろ？
コソボ独立なんてまさにそれね
なんだかさ第二次世界大戦後に人類が必死になって作って来た秩序が世界中で一斉に崩れ始めてる気がするんだ
それに…恥ずかしながらこんなに世界中に独裁国家が存在するなんてのも初めて知った
シリアとか？
ヤヌコヴィッチ政権下のウクライナもそうだろ？
そいつらみんな親ロ派だな
ひょっとしたらイデオロギー抜きで独裁国家を作りたい政治家はプーチンのやり方に学んでるんですかね？
ありえるなー
メディアの規制と批判者を弾圧すればあっという間に独裁国家が作れるって証明したもんな

それにしても
ほんとに世界はこれからどうなっちゃうのかしら
冷戦復活とはいっても前の冷戦の時とは指導者たちの質が違いすぎるとは思わない？
前の冷戦の最大の危機といえばキューバ危機でしょ？
フルシチョフとケネディ
その時危機を回避できたのは米ソの指導者がエゴを抑えることが出来る人たちだったからよ
ところが今の冷戦の主役はプーチンとトランプ！どちらも負けず劣らずのエゴの塊！
これに金正恩がからんで日本のまわりで大騒動を巻き起こしてる！

こんな連中が核のボタンを握ってるなんて考えただけでぞっとしちゃうわ！
うーん…プーチンはほんとにエゴイストなのかな？
ぼくにはむしろ彼は世界情勢の写し鏡みたいな存在に思えるんだ
どういうこと？
だってさ今再び冷戦が始まったのもそもそもアメリカがプーチンのロシアに歩み寄らなかったからだろ？
プーチンはもともと欧米とはうまくやろうとしてたわけで…
プーチンが冷戦に転じざるを得ないような政策を取って来た欧米各国の指導者だって世界の秩序よりも自国の国益を第一に考えて動いた結果だそれだってエゴだ
プーチンは冷戦に勝利したと浮かれてた西側諸国のエゴを写しているだけなんだ
北方領土問題がこじれたのもプーチンが態度を硬直化させたのはそもそも日本の外交がマズかったからだし

彼はただひたすら愚直に愛するロシアを復活させるために全力を尽くしてるだけで世界に対してひとつのイデオロギーを押し付けようとしてるわけじゃない
彼の起こした戦争はもちろん擁護できないけどアメリカだって別にほめられたものじゃない！
だから…欧米はプーチンを非難ばかりしないで歩み寄る努力さえすれば
彼はそれにきちんと向き合ってくれるように思うんだ
うーん…マモルはやっぱりプーチンの人たらしに・・・・・やられてるのよ
あたしはそこまでプーチンを肯定できないなあ
まあそれだけプーチンが一筋縄じゃ掴み切れない存在ってわけだな
そうですね
救国の英雄か現代に甦った皇帝か……か
さてこれでこのマンガは終了だ

プーチンはまぎれもなく歴史に名を残す人物だろう しかし彼の評価はまだ定まっていない
ところでさ あたしプーチンについての新しい説を思いついたんだけど
なに？また陰謀論？
なにしろ彼はまだ歴史上の人物ではなく 現役バリバリの大統領として大国ロシアを率いてアメリカと新しい冷戦を始めている真っ最中だからだ
590円
あ ナマ三つ
はーい
ナポレオンや秀吉は晩年は人にも裏切られさみしいものだったけど さてプーチンの未来はどうなっていくんだろう？ 彼も歴史上の権力者たちと同じ道をたどるのだろうか
もちろん先のことは誰にもわからない おそらくプーチン自身にも
だがこれだけは言える 二〇一七年現在 今のところプーチンはどうやら無敵だ

解説　「工作員指導者」としてのプーチン

名越健郎（拓殖大学海外事情研究所教授）

現在の世界の指導者で、プーチン・ロシア大統領ほど好奇心をくすぐられる政治家はいないだろう。安倍晋三首相や習近平中国国家主席のように政治家一家に育ったサラブレッドではなく、トランプ米大統領のように富豪の家に育った特権階級でもない。

サンクトペテルブルクの貧しい労働者の家庭に生まれ、けんか腰の少年時代を過ごし、スパイとして日陰の仕事に従事して国家に尽くした。動乱の時代、忠誠心を発揮して出世街道を歩み、望んでもいなかった最高指導者の座にめぐり合わせで選ばれた。

就任後は決断力と使命感を発揮し、混迷のロシアを大国に復活させ、史上初めて消費社会を実現した。大国化を目指す外交戦略は年々過激化し、ウクライナとシリアで「二つの戦争」を戦い、反米外交を展開して国際秩序に挑戦する。

ロシアの経済規模は韓国に次いで世界12位にすぎないのに、世界に波乱を巻き起こすプーチンはやはり大したものだ。米経済誌フォーブスが13年から4年連続でプーチンを「世界で最も影響力のある人物」に選出したのもうなづける。

プーチンは2000年の就任当初はプラグマチックな指導者で、欧米指導者からもナイスガイと目された。それが17年を経て、国粋主義的な保守イデオローグに変貌すると予想した人はいなかった。

米国の女性専門家で、トランプ政権入りしたフィオナ・ヒル国家安全保障会議（NSC）欧州・ロシア上級部長は、プーチン論の決定版とされる『プーチンの世界』（新潮社）で、政治家プーチンを解剖し、国家機関に勤務した「国家主義者」、激動の時代を生き抜いた「サバイバリスト」、歴史に精通した「歴史家」、ソ連国家保安委員会（ＫＧＢ）時代に主流から外れた「アウトサイダー」、ＫＧＢスパイとしての「ケースオフィサー」といった多面的なプーチン像を紹介。多くの挑戦に突発的に対応する「工作員型指導者」だと指摘している。

同じく米国の女性専門家、キンバリー・マーチン・バーナード大教授は、プーチンが柔道家であり、アイスホッケーを好むことを挙げ、「プーチンは盤上で全体の戦略を組み立てるチェスは好まない。柔道やアイスホッケーは相手の出方に応じて咄嗟に判断する戦術的スポーツであり、戦略は必要としない」とし、プーチンの内外政策は場当たり的かつ戦術的だと指摘した。

チェスや囲碁を愛好する政治家が戦略家なのか疑問も残るが、確かにプーチンは状況に応じて素早く対応する戦術型政治家の側面が強い。ソ連時代、戦略を決めたのはソ連共産党であり、プーチンが16年勤めたＫＧＢはそれを遂行する戦術機関だった。

９・11米同時テロでは、真っ先にホワイトハウスに電話し、テロとの戦いで共闘を誓ったプーチンが、17年を経て武力を行使する反米外交を推進し、欧米の経済制裁ですっかり孤立したのは、その時々の課題や挑戦に戦術的に対応してきた結果だった。

グルジアやウクライナなど旧ソ連のカラー革命（03～04年）、バルト三国を含むＮＡＴＯの東方拡大（04年）、グルジア戦争（08年）、アラブの春（10～12年）、都市部中間層が決起した11年末の反プーチン運動などを経て、プーチンは一連の動きの背後に米国が介在していると反発を強め、反米外交を重ねた。

北方領土問題でも、プーチンは当初四島の帰属協議をうたった「東京宣言」を確認していたが、今日では強硬姿勢を強め、安倍首相の対露融和外交も実を結んでいない。

14年3月にクレムリンで行ったクリミア併合演説で、プーチンは「ロシアは誠実に西側の同僚たちとの対話を目指したのに、西側は力による支配にわれわれが従うことを好んだ」「NATOの東方拡大の時もそうだった。彼らはロシアを次々と騙し、われわれのいないところで決定を下した」「ミサイル防衛（MD）展開の時もそうだった」「旧ユーゴスラビア、アフガニスタン、イラク、リビアもそうだった」などと恨み節を重ね、クリミア併合を正当化した。

欧米とロシアの関係冷却化は、西側がソ連崩壊後、ロシアを無視してきたツケでもあろう。今日の攻撃的な外交政策は、「長年にわたって蓄積してきたルサンチマン（怨念感情）の表明」（木村汎・北海道大学名誉教授）と見ることもできる。

すっかり変身したプーチンが、ロシアをこれからどう運営し、世界をどう変えていこうとするのか。本書は、異例の長期政権となったプーチンの人物像や主要な内外政策を印象深く描いており、ロシアの将来を予測する上でも役立つ。

実在の人物をモデルにしたマルコヴィチやファーニャを登場させるなど、外国取材の設定でアレンジした部分もあるが、多角的なプーチン論に努めており、読者に多くの素材を提供している。

本書の後に読む「プーチンとロシアをさらに詳しく知る本」として、以下の4冊を挙げる。

『現代ロシアを知るための60章』 下斗米伸夫・島田博編著、明石書店、2012年

『プーチンの国家戦略　岐路に立つ「強国」ロシア』 小泉悠、東京堂出版、2016年

『ヴラジーミル・プーチン―現実主義者の対中・対日戦略』 石郷岡建、東洋書店、2013年

『プーチン　人間的考察』 木村汎、藤原書店、2015年

参考文献

『独裁者 プーチン』 名越健郎、文藝春秋、２０１２年

『プーチンの実像　証言で暴く「皇帝」の素顔』
朝日新聞国際報道部／駒木明義／吉田美智子／梅原季哉著、朝日新聞出版、２０１５年

『プーチンの世界』 フィオナ・ヒル／クリフォード・G・ガディ著、濱野大道／千葉敏生訳、畔蒜泰助監修、新潮社、２０１６年

『プーチン、自らを語る』
ナタリア・ゲヴォルクヤン／アンドレイ・コレスニコフ／ナタリア・チマコワ著、高橋則明訳、扶桑社、２０００年

『おいしいロシア』 シベリカ子、イースト・プレス、２０１６年

『黒い皇帝プーチン』 宝島社、２０１４年

「これでわかる！「シリア内戦」の全貌～そして「イスラーム国」が台頭した」
末近浩太、現代ビジネス、http://gendai.ismedia.jp/articles/-/48257（2017/8/17参照）

「ロシアは何故シリアを擁護するのか」
小泉悠、ニューズウィーク日本版、http://www.newsweekjapan.jp/stories/world/2015/06/post-5405.php（2017/8/17参照）

漫画　**トーエ・シンメ**

男性向け実話誌などでマンガやイラストなどを描いた後、2012年より構成・ネーム担当として「まんがで学ぶ成功企業の仕事術」の数作品を手がけるほか、まんがで読破シリーズを数作品担当（『シャーロックホームズ緋色の研究』、『雇用・利子および貨幣の一般理論』など）。現在は個人電子出版で独自にパブリックドメインの文学作品をコミック化する「萬画版シリーズ」をAmazonにて展開中。主な作品に『落語の萬画版おちまん』『高野聖 萬画版』『ドグラマグラ萬画版』など。

監修　**名越健郎《なごしけんろう》**

拓殖大学海外事情研究所教授。東京外国語大学ロシア語科卒業後、時事通信入社。外信部、バンコク支局、モスクワ支局勤務。ワシントン支局長、モスクワ支局長、外信部長、編集局次長、仙台支社長等を経て退社。2012年から現職。国際教養大学特任教授、時事総合研究所客員研究員。著書に『北方領土の謎』（海竜社、2016年）、『独裁者プーチン』（文藝春秋、2012年）など。新潮社「Foresight」で「ロシアの部屋」を連載中。

まんがでわかる ウラジーミル・ウラジーミロヴィチ・プーチン

2017年9月25日　第1刷発行
2022年4月 8 日　第3刷発行

漫　　画　トーエ・シンメ
監　　修　名越健郎
発 行 人　永田和泉
発 行 所　株式会社イースト・プレス
〒101-0051
東京都千代田区神田神保町2-4-7 久月神田ビル
TEL 03-5213-4700　FAX 03-5213-4701
https://www.eastpress.co.jp

ブックデザイン　金井久幸（Two Three）
印 刷 所　中央精版印刷株式会社

ISBN 978-4-7816-1586-8